ATLANTIC OCEAN

Puerto Plata

Santiago

DOMINICAN

REPUBLIC

SANTO DOMINGO

IMMAMOU

SEA

Impressum

Übersetzungen, Satz und Fehler sind vom Autor. Alle Zitate in Original-Schreibweise. Viele Informationen dieses Buches stammen aus nach-bebigen Rundmails von **Ned Sublette**, die Zitate & Beiträge von: **Elizabeth McAlister**, author of *Rara! Vodou, Power and Performance in Haïti and its Diaspora* • **Madison Smartt Bell**, author of a fictional trilogy about the Haïtian revolution • **Patrick Cockburn,** author of *Muqtada Al-Sadr, the Shia Revival, and the Struggle for Iraq* • **Peter Hallward** (The Guardian) • **Robert Jensen** is a journalism professor • **Tracy Kidder,** author of *Mountains Beyond Mountains*, about Haïti, and *Strength in What Remains* • **Carl Lindskoog** is a historian • **Lucy Macey** - Radio Democratia • **Linda Polman**'s *War Games: The Story of War and Aid in Modern Times* • **Randall Robinson**, author of *An Unbroken Agony: Haïti, from Revolution to the Kidnapping of a President* • **Ashley Smith** writes for the Socialist Worker • **Amy Wilentz** is author of *Rainy Season: Haïti Since Duvalier*, among other books • **Ben Fountain**, author of *Brief Encounters with Ché Guevara* • **Thanx a lot** for sharing their knowledge & care!
Hans Christoph Buch genehmigte spontan die Nutzung einiger Zitate aus seinem Interview mit Arno Widmann aus der Frankfurter Rundschau. Buchs Tagebuch aus Port-au-Prince, vom September 1997 war in Heft 2 der Zeitschrift *du* vom Februar 1998 abgedruckt; aus diesem finden sich im vorliegenden Buch die Aufzeichnungen des 1., 6. und 7. Tages.

Weitere Tips & Hinweise & Hilfen & Unterstützung dieser Publikation kamen von Drucker Benno Käsmeyer, Karl Geck, Claus Wilcke, Konrad Volz, Jean Trouillet, Sharon Levinson, Alexander Foyle, Alex Beckmann & die Synergia-Crew, Anne und Frank Fuchs, Al Imfeld, ... **Danke!**
Coverfoto von Danielle Ferres / Action Avenir Haïti; es zeigt Magdaline Dorisca
Rückcover-Bild von Sainte L.;
Covergestaltung von Alex Beckmann
Bildercredits sind bei den Bildern vermerkt. In der Eile habe ich nicht die ©-Halter aller Bilder ausfindig machen können, 'tschuldigung. Ich bitte um Nachsicht und Meldung.
Scans durch FontFront
Gestaltung vom Autor & FontFront
Übersetzungen: Toubab Pippa
Korrekturen: Nadina Leganovic, Achmed Khammas
Druck: MARO, Augsburg

Verlegt durch Werner Pieper & The Grüne Kraft, Alte Schmiede, 69488 Löhrbach
versand@gruenekraft.com - www.gruenekraft.net
ISBN 978-3-930442-42-3
© immer beim jeweiligen Autor

Werner Pieper (Mix)

Haïti – besser verstehen

Vergangenheit, Gegenwart
& Ausblicke nach dem Beben

Den herzlichen Menschen Haïtis gewidmet

Der Grüne Zweig 270

Inhalt

Vorwort (aus den Trümmern der Geschichte, 1890)   6

Al Imfeld: Haïti-Skizzen   8

Reisetagebuch von Hans Christoph Buch I - der 1. Tag   12

Eine Schatztruhe des Kulturreichtums   14

Kraft für Viele: Vodou   15

Musik: I   21

Die spirituellen Rhythmen des Black Atlantic

Toto Bissainthe, Ti Coca *(Jean Trouillet)*   25

Diese strahlende Farbenpracht haïtianischer BildKunst   29

Vor Kolumbus   31

Ohne Zuckerbrot - aber mit Peitsche: Kolonialgeschichte,

Sklaverei und einige der Auswirkungen   35

Sklaveninsel Santo Domingo   39

Zur geografischen & politischen Teilung Hispaniolas   43

Haïti - Geschichte und Geschichten eines afrikanischen Landes   45

Die Revolution 1804 und einige ihrer Folgen   50

Von der 'Perle der Antillen' zum Reparationsopfer   52

Deutsch-Haïtinanische Beziehungen - dürftig   55

US & der erzwungene 'freie Handel'   59

Am Tropf der Multis: Nahrungsmittel-Abhängigkeiten   64

Papa & Baby Doc Duvalier   65

Aristide, tricky, tricky   67

René Préval   69

UN   70

Frauen & Kinder in der Statistik 71

Die Nachbarn: die Dominikanische Republik 73

Meine Zucker-Story, als ich in der Nachbarschaft ... 75

Hilfe, Hilfe? I 79

Absurditäten: Urlaubsparadies - 'Magic Island' I 81

Buchs Reisetagebuch, 6. & 7. Tag 83

DAS BEBEN 86

Parallelen zu New Orleans nach Katrina 88

Hilfe, Hilfe? II 90

Kuba & China & Venezuela u.a.m. 96

Lieber Gott böse? Verschobene Kinderschicksale 99

Paranoia, Plünderungen & Korruption 101

Das Rechtssystem und das ex-Gefängnis 102

Sicherheit statt Hilfe? Wer hat Angst vorm Schwarzen Mann? 105

UrlaubsParadies - not lost II 107

Musik II 109

Warum Haïti arm ist - aus karibisch-afrikanischer Sicht 111

Ein Zukunfts-Flickenteppich 114

Disaster Medien, kapitalistisch 117

Wir sollten um Haïtis deren Vergebung bitten (*Naomi Klein)* 119

Nachwort des Herausgebers 122

Weiterführende Quellen & Brunnen 125

Vorwort (aus den Trümmern der Geschichte)

Es handelt sich hier um Auszüge des Vorwortes zu dem Buch Die Insel Haïti, *Autor der Haïtian-Deutscher (oder Deutsch-Haïtianer?) L. Gentil Tippenhauer, das 1893 bei Brockhaus erschien.* (d.Hg.)*

In neuster Zeit haben fremde Zeitungsschreiber und goldsüchtige Autoren bald grausenerregende Berichte von Menschenfleisch, das tagtäglich auf den Märkten der haïtianischen Städte verkauft werde, gebracht, bald lächerliche Zerrbilder von einem kleinen Affenrepublikenthum, das Napoleon der Kleinen zum Vorbild gedient, gemacht, kurzum über Haïti die ungeheuerlichsten und erstaunlichsten Dinge in die Welt posaunt.

Dabei wurde, wie ebenso manches mal, nicht immer die Wahrheit und fast niemals die ganze Wahrheit geschrieben. So kommt es denn auch, daß selbst in gebildeten Kreisen keine richtigen Begriffe von den Verhältnissen hier herrschen.

Bei Unterhaltungen spricht man von großem Fortschritt, blühendem Handel und kriegerischer Tapferkeit, außerordentlichen Freigiebigkeit und hervorragender Gastfreundlichkeit der Eingeborenen. Ein 'Dagewesener' wiederum weiß nur vom heimtückischen Fieberklima, von der herrschenden Arbeitslosigkeit und den entsetzlichen, ewig wüthenden Revolutionen zu erzählen; ein noch besser Unterrichteter meint dem zuwider, daß die Insel sich des mildesten, zuträglichsten und unschädlichsten Tropenklimas erfreue, daß es kein Land gäbe, wo ein *fixer Kerl* leichter und rascher Geld machen könne, und daß es alles eitel Verleumdung wäre, was ein dummer Spießbürger sich von den dortigen Revolutionen vorlügen lasse. Damit stände es gar nicht so schlimm, wie es Münchhausen nachäffende Ex-Commis zur Belustigung ehrbarer Herren berichten. Mancher Reisender, der nur die Städte besucht hat, hält den Haïtianer im Großen und Ganzen für einen verkommenen, nichtsnutzigen Tagedieb, politischen Industrieritter oder sonstwie verfeinten Schurken, während der Missionar, der das Innere der Insel durchstreift hat, zum Verdruß der *Commis-Voyageurs* behauptet, daß es kein besseres Volk als das haïtianische gäbe. Und was sonst noch mehr.

Aus all solch ungereimten Widersprüchen kann kein Vernünftiger klug werden, und die abenteuerlichsten, widersinnigsten Ideen über Haïti fahren fort, die Köpfe der neugierigen Daheimgebliebenen zu bedrängen. [...]

Außer meinem Vorhaben, die Thatsachen, die sich auf quisquenyanischem Boden in Ort und Zeit abpielten, aufzuzählen und zu vergleichen, d.h. etwas zu geben, was fehlte, beseelte mich bei der Abfassung mehrerer Kapitel stets der Gedanke, das Interesse fremder Kraft, fremden Kapitals und fremden Geistes für das wundersame Land Haïti wachzurufen, das Interesse des Auswanderers, des industriellen Großkapitalisten und des Staatsmanns. Die einheimische Bevölkerung ist in zu traurigen Umständen entstanden, zu gering, zu arm, die große Menge noch zu unwissend, zu bespöttelt und verleumdet, zu einseitig ausgebeutet worden von einer fremden Handelswelt, als daß sie sich rasch, ohne Anleitung, ohne fremdes Kapital dazu aufraffen könnte, um dem jungfräulichen Boden ihres Landes die gesamte Menge der lieferbaren Schätze zu entnehmen. In Bezug auf industrielle Unternehmungen ist noch Alles zu schaffen, Wege zu bauen, Brücken zu schlagen, Eisenbahnen zu legen. Fremde Arbeitskraft und Thätigkeit, fremdes Kapital würden bei ihrer Ankunft im Lande eine fruchtbringende Entfaltung erleben - aber die Revolutionen? Ja, die Bürgerkriege werden fortdauern, solange keine Arbeit und damit keine Erziehung und höhere Bildung existiert. Sie werden verschwinden in dem Maße, wie fremdes Kapital einheimische Arbeit erzeugen wird. Die fremden, im Lande ansässigen Kaufleute, haben niemals ihre Kapitalien in industrielle oder agriculturelle Unternehmungen stecken wollen, aus dem einfachen Grunde, weil die Erfahrung ihnen gezeigt hat, daß Spekulationen in Staatsgeschäften, wenn man auch mitunter auf etwas unmoralische Weise, jedenfalls bedeutend mehr, sichere und leichtere Procente abwirft als etwa die Einrichtung einer Cacaoplantage. [...] Innerhalb zehn Jahre hat sich Deutschland den zweiten Rang im Handel errungen; mit wie großem Interesse das deutsche Schaffen der Entwicklung seiner Beziehungen in Haïti auch fürderhin entgegensehen muß, ist demnach leicht einzusehen.

Die Haïtianer haben stets geschworen, lieber im Schutt ihrer Städte unterzugehen, als ein Zoll breit ihres Territorium, unter welchen Bedingungen es auch sei, abzutreten. Kräftig und heldenmütig haben sie sich ihre Unabhängigkeit erfochten. Das darf man dem kleinen Völkchen nicht absprechen. ...

*Ehemaliger General-Inspector der Polymatischen Schule, Ingenieur der Commune von Port-au-Prince. »Mehr als ein Anderer war ich berufen, diese Monografie Haïtis in deutscher Sprache zu beginnnen. Ein Enkel Dithmarscher Germanen und haïtianischer Afrikaner, habe ich stets - da Cap Haïtien mich entstehen sah - das Eden-Eiland als meine physische Heimat betrachtet.«

Haïti-Skizzen von Al Imfeld

I. Einige kulturelle Merkmale und generelle Friedensprobleme

Haïti ist ein merkwürdiges Land, seltsam wie es sich entwickelte und eine Nation wurde.

Haïtis Wurzeln entspringen einer merwürdigen Mischung aus Sklaverei und Freiheit; einem Mix aus Zucker und Mangel.

Haïti besteht aus einer Mixtur von See und Bergen;
die Sklaven kamen übers Meer und flüchteten in die Berge.

1. Haïti ist Teil einer Insel: Das Volk ist von insularem Denken geprägt.
2. Haïti ist bergig und Berge bedeuteten Freiheit,
aber das Leben in den Bergen war nicht nur hart, sondern auch zeitlich begrenzt;
eines Tages mußte man wieder runterkommen um zu überleben oder gar ein besseres Leben zu führen.

Heute gibt es zwei Klassen im Volk - Schwarze und Mulatten.

Menschen, die von den Mulatten abstammen sind sehr stolz, schauen auf die dunkelhäutigen Nachkommen ehemaliger Sklaven herab und verachten jene, denen die Flucht nicht gelang.

Doch beide waren einmal Sklaven - sie verkörpern zwei Seiten der Kultur Haïtis.

So finden sich zwei Tugenden: das Entkommen und das Ertragen,
Flucht oder Geduld.

1. Äußerlich mußt Du flüchten und zeitgleich eine Art innere Fluchtform finden.
2. Menschen leiden, doch halten sie dies aus und warten. Sie sind sehr geduldig, im politischen Sinne zu geduldig. Sie warten und hoffen und schauen zu.
3. Die eine Seite verachtet die andere.

Haïti ist ein Teil einer Insel, es gibt auch immer eine andere Seite.

Haïti ist Teil der Insel Hispaniola. Die andere Seite ist heute die Dominikanische Republik. Diese Republik war zu Kolonialzeiten und ist bis

heute eine der großen Zuckerplantagen. Die Arbeiter, Sklaven und später ausgebeuteten Rohrschnitter kamen aus Haïti.
Hispanniola war zwischen zwei Kolonialmächten aufgeteilt - zwei unterschiedlichen Kulturen und zwei verschiedenen Sprachen.
Haïti war französisch, die Dominikanische Republik spanisch.

Daraus resultierende Probleme
Tatsächlich gehören zwei Dinge innerhalb Haïti und auf Hispaniola zusammen, doch beide Seiten verhalten sich arg schizophren:
• ehemalige Sklaven und Marrons* gehören zusammen; beide haben Sklaven als Vorfahren.
• Haïti und die DomRep gehören unter zeitgemäßen wirtschaftlichen Regeln zusammen. Die Zeiten des Zuckerrohres sind vorbei. Diese Teilung gleicher Menschen auf einer Insel ist absurd und bizarr.
Aber ist nach so einer Geschichte eine VEREINIGUNG möglich?
Der Gedanke muß ins Bewußtsein gehoben werden,
daran muß gearbeitet werden.
Aber wie? Es gibt historische und kulturelle Unterschiede, und sie sollten oder könnten erhalten bleiben. Aber eine Kollaboration - wie in der ehemaligen Zuckerindustrie - ist absolut von Nöten.
Dies wäre auf Dauer gesehen die vordringlichste Friedensarbeit.

II: Religiöse Hintergründe und Friedensprobleme
Der kulturelle Hintergrund der Bevölkerung ist afrikanisch.
Die Sklaven kamen aus ganz West-Afrika.
Eine Identifikation mit z.B. Benin ist also eine Fiktion.

Einige Merkmale der haïtianischen Religion
• Es gibt kein Zurück zu den alten afrikanischen Glaubenssystemen oder Religionen, denn niemand kann sich an sie erinnern.
• Da die Menschen aus allen Regionen West-Afrikas stammen, haben sie keine gemeinsame Tradition.
• Afrikanischen Ansichten der Sklaverei haben sich großen Veränderungen unterwerfen müssen, d.h. die Ursprünge der Glaubenssysteme der Vorfahren sind irgendwo weit entfernt in Afrika geblieben. In diesem

9

Zusammenhang wurden Verbindungen zu afrikanischen Religionen mehr imaginär denn real.

• Die neue afrikanische Religion mußte Lösungen finden, die Folgen der Sklaverei zu umgehen, und zeitgleich die Sklaventreiber zu ängstigen. Aus dieser geschichtlichen Entwiclklung der Religion entstand Vodou oder Voodoo oder Vaudou (es gibt viele möglichen Schreibweisen).

• Selbst einige der Merkmale der inzwischen verschwundenen Ureinwohner der Insel wurden von der Sklavenbevölkerung in diese neue 'afrikanische' Religion integriert.

• Ein wichtiger Bestandteil des Vodou ist Rache bzw. eine Art der Selbstjustiz. Diese ist tief im Glauben verwurzelt.

• Die heutige Bevölkerung glaubt fest, und lebt folglich in einem Mix von damals & heute, vom Selbst & den Familienmitgliedern, hoch wie tief, mit einiger Macht aber auch voller Ohnmacht etc. Nichts ist ALLEIN möglich: Kleine Teile des Anderen müssen Teil meiner selbst und meiner Familie oder meines Clans werden. Nichts ist für sich alleine möglich.

• Vodou ist nicht nur religiös; es ist eine Form der Macht. Also sind Religion und Politik vermengt.

• Vodou ist furchterregend, eine lebendige Abschreckung.

• Vodou ist verwirrend und daher eine starke Kraft.

• Vodou und Katholizismus gehen Hand in Hand als Kraft des Versteckens und der Verwirrung, als Mißbrauch und Schutz in Einem.

• Vodou ist eine starke Kraft, Menschen, und so auch die Gemeinschaft, zusammen zu halten.

• Vodou ist auch der Ursprung von Geheimgesellschaften, Gangstern oder mafiösen Organisationen.

• Vodou kann also leicht für grausame Machtspiele mißbraucht werden.

• Vodou ist nicht nur eine Religion, es hat sich politisiert und ist mehr und mehr zu einem Weg verkommen, arme, ungebildete Menschen zu manipulieren.

• So gesehen ist Vodou heute etwas Gefährliches. Seine Anführer (Priester) sollten sich all dieser Machtränke und kriminellen Verwicklungen (noch) mehr bewußt sein.

III: Mythen

Haïti steckt voller Mythen,
da Menschen eines versklavten Gebietes sich permanent in Selbsttäu-
schungen ergehen müssen, um zu überleben. Man nimmt ein negatives
Ereignis, selbst ein Unglück samt Tränen, und transformiert es zu einem
positiven Event. Später wird man sich an diese verwandelte Version der
Realität erinnern; ein Prozess der Mythologisierung.
Frauen und Männer in Haïti mußten so viel erleiden,
daß sie permanent schlimme und traurige Ereignisse zu transformieren
hatten.
Sie brauchten viele Geister in der Luft und tief im Boden.
Geister und Engel, Realitäten und Mythologien sind zu Einem vermischt.

IV: Realität

Innerhalb eines so komplexen Mixes kann REALITÄT nicht die selbe
sein wie anderswo, wie für andere - und bestimmt nicht deckungsgleich
mit einer europäischen.
Haïti muß als ein alternatives Konzept von Realität begriffen und ak-
zeptiert werden, und es entspricht einer anderen philosophischen und
religiösen Wahrheit.
Geister, Engel und Teufel gehören zu so einer Welt.
In solch einer Welt lebst Du gemeinsam mit jenen, die Dir Schaden
zufügen oder Dich gar vernichten wollen. Also brauchst Du Schutz.
Um solche Realitäten verstehen zu können, muß man sich an Schreiber
halten, die sich mit diesen Themen auseinandergesetzt haben, wie z.B.
René Depestre oder auch Autoren wie Hubert Fichte, Graham Greene,
André Malraux, Hans-Christian Buch, Ned Sublette u.a., die diese an-
dere Welt studierten.

---

* Die Oberschicht bildeten die Mulatten, die *Marrons*. Das ist in Haïti kein
Schimpfwort, sondern es bezeichnet Mischlinge. *Marron* ist franz. für Kasta-
nie; im haïtischen Vodou Sprachumgang bezeichnet es einen Mulatten, der
etwas Helles im Schwarz hat; sich also auf dem Weg über die helle Bräune auf
dem Weg zum Fortschritt befindet. Im Kreolischen bedeutet *marronnage* die
Ausübung des eigenen Lebensstils.

Ein Tagebuch von Hans Christoph Buch

Port-au-Prince, September 1997 1. Tag

Haïti beginnt am Flughafen von Miami, wo eine fliegende Händlerin, kreolisch Madame Sarah genannt, die Arme in die Hüften gestemmt, mit dem Bodenpersonal ums Übergepäck feilscht, aus dessen Plastikumhüllung Zucker und Reis rieseln. »Why do you want to carry all that stuff?« - »Pèp la gin gran gu nan peyi d'Ayti« (das Volk hat Hunger in Haïti). Es dauert lange, bis die Madame Sarah sich mit den Stewardessen geeinigt hat, und die Maschine landet mit zweistündiger Verspätung auf dem Flughafen Mais Gaté, der früher Aéroport François Duvalier hieß. Haïti liegt nur anderthalb Stunden von Florida entfernt, aber die Fahrt durchs Stadtzentrum dauert länger als der Flug von Miami nach Port-au-Prinve. »La police ak timoun yo se avni peyi a!« (Die Polizei und die Kinder sind die Zukunft des Landes) steht auf dem die Straße überspannenden Transparent für die neugeschaffene, zivile Polizei, welche die durch Morde und Militärputsche diskreditierte Armee ersetzen soll. Ihren guten Ruf haben die von Frankokanadiern ausgebildeten Polizisten schnell wieder verspielt; anstatt *Zenglendos* zu jagen (so heissen in Haïti die zu Kriminellen mutierten Tontons Macoutes) oder den chaotischen Verkehr zu regeln, sitzen sie untätig im Café und warten auf das Ende der Regenzeit. Aus niedrig ziehenden Wolken fallen die ersten Tropfen und verdampfen, ohne eine Spur zu hinterlassen, auf dem aufgeheiztem Asphalt. Rechterhand die Hairwinds Airbase des kleinen US-Truppenkontingents, das seit dem Abzug der Marines den Flughafen bewacht: in Persenning eingeschnürte Geschütze, Hubschrauber, Lastwagen und Jeeps, die täglich durch Port-au-Prince patrouillieren; angeblich schreckt der Anblick der gepanzerten Fahrzeuge und der Lärm der Helikopter potentielle Übeltäter ab ... Auf der anderen Seite der Straße wühlen schwarze Schweine, deren Urahnen auf den Karavellen des Kolumbus nach Haïti gelangt sein sollen, in einer Halde aus Abfällen, Schrott und Plastikmüll herum. Händlerinnen und halbnackte Kinder ducken sich unter Wellblechdächern, während der Taxifahrer in strömendem Regen einen defekten Reifen wechselt.

Anders als Brecht im gleichnamigen Gedicht sehe ich den Radwechsel nicht mit Ungeduld, sondern mit einer Mischung von Beklemmung, Freude und Déjà-vu. Seit 29 Jahren habe ich Haïti immer wieder besucht, aber die Ankunft war stets der gleiche Schock, ein schweißtreibendes Bad in der Menge, gefolgt von einem Bad im Staub, Schlamm oder Dreck, der nicht nur die Poren, sondern auch die Gehirnwindungen verklebt und durch Duschgel nicht mehr zu entfernen ist. »Wieviel müssen wir Ihnen zahlen, damit Sie endlich aufhören, über Tahiti zu schreiben?«, fragte mein deutscher Verleger nach Erscheinen meines ersten Haïti-Romans, während ein amerikanischer Kritiker mutmasste, es gäbe mich gar nicht, mein Name sei das Pseudonym einer Haïtianerin.

Ein entgegenkommendes Auto spritzt eine Fontäne Schmutzwasser hoch, und zwischen Wolkenbänken am Horizont blitzt das Licht der untergehenden Sonne auf und lässt die im Müll schnüffelnden Schweine, die Bettler und nackten Kinder in goldenem Firnis erstrahlen, bevor sich blaue Tinte über die Stadt ergiesst. Die Dämmerung ist kurz in den Tropen - wie oft habe ich diesen Satz schon hingeschrieben! -, und die Villen des Nobelvororts Pétionville liegen in tiefer Dunkelheit, als das Taxi vor einer von *Bougain villea* umrankten Einfahrt hält. Blackout wie jede Nacht, das rot gestrichene Eisentor angelehnt zum Zeichen, dass Besuch erwartet wird.

»Du kommst spät, und wir haben uns Sorgen gemacht«, sagt Matante Jeanne - Tante heisst auf kreolisch 'matante', und das Possesivpronomen ist Bestandteil des Substantivs, was auf Französisch komisch klingt: »Je vais chez ta matante« usf. »Bei Dunkelheit geht keiner mehr auf die Strasse«, fährt sie fort, »denn hier in Haïti werden kolossal viel Leute umgebracht.« - »Kolossal« und »umgebracht« sind ihre deutschen Lieblingswörter, ein fernes Echo aus dem Berlin der zwanziger Jahre, als sie in Schöneberg zur Schule ging, »Ausserdem hat man mir Wasser gestohlen.« Matante Jean ist neunundachzig.

Die Köchin Erzulie leuchtet mit der Taschenlampe in ein Zimmer, das mit Mottenkugeln und Mückenspray zu meinem Empfang hergerichtet ist. Während ich von Moskitos umschwärmt dusche, mixt sie in der Küche einen Rum Sour, bestehend aus ausgepressten Limonen, zerstossenem Eis, viel Zucker und noch mehr Rum Barbancourt; zum Schluss kommt ein Schuss 'Bitters' hinzu. Wie auf Bestellung geht das Licht wieder an, und wir sehen eine amerikanische Soap opera, »All my children«, die seit zwanzig Jahren jeden Abend im haïtianischen Fernsehn läuft. Noch immer ist Dimitri unglücklich in Eric verliebt, und anders als bei gewöhnlichen Sterblichen ist die Zeit spurlos an ihnen vorübergegangen. Nach dem Ende der Folge huscht ein Gecko über den Fernsehschirm, eine zappelnde Kakerlake im Maul: kein Tierfilm, sondern Reality-TV.

Eine Schatztruhe des Kulturreichtums

Keine Zweifel, auf der materiellen Ebene ist Haïti zum ärmsten Land der westlichen Hemisphäre gemacht worden, doch, auch wenn dies global weitgehend unbemerkt blieb, handelt es sich kulturell um eines der vielfältigsten, ja: reichsten Länder überhaupt.

Haïtis Kultur zeigt/e sich nicht in imposanten Architekturen. Es handelt sich um die ausgeprägt spirituellen Quellen, die den Menschen dort eine solidarische Kraft gaben und geben, wie sie den meisten von uns im Leben versagt bleibt.

»Ich habe die Haïtianer immer für ihren Mut, ihre Leidensfähigkeit, ihre Würde und Originalität bewundert«, meint Patrick Cockburn, »Angesichts niederschmetternder Desaster oder aus völlig hoffungslosen Situationen heraus gelingt es ihnen oft, nicht zu verzweifeln. Ihre Kultur, vor allem die Gemälde und Musik, gehört zu den interessantesten und lebenssprühendsten der Welt«.

Madison Smartt Bell ergänzt: »Haïti bot schon immer und bietet auch heute noch ein schimmerndes Panorama der visuellen Künste und einen Reichtum verführerischer und hypnotischer Musik, die ihre Wurzel zu großen Teilen in den Rhythmen ihrer rituellen Trommeln hat. In den vergangenen 50 Jahren brachte das Creole, eine schöpferische Sprache wie das Englisch zu Zeiten Shakespeares, eine bemerkenswert lebhafte und weltoffene haïtitianische Literatur hervor. Die Welt Haïtis besteht nicht nur aus Leiden; sie steckt voller Schätze.« Auf den folgenden Seiten finden sich einige Belege füt selbige.

Es wäre fatal, beim Aufbau eines neuen Haïti unsere 'zivilisierte' Kultur als Vorbild zu nehmen - wir sollten helfen, daß diese Menschen ihre Eigenarten leben.

Kraft für Viele: Vodou (angliziert 'Voodoo')

Es gibt viele Schreibweisen für Vodou, vor 200 Jahren z.B.auch *Bandoux*. Der Missionar Eldin, der 13 Jahre in Haïti lebte, war überzeugt, daß der Begriff nicht afrikanischen Ursprungs sei, sondern vom französischem *vaudois*, d.h. Zauberer abgeleitet wurde, schließlich handele es sich bei diesen Vorgängen ja auch um Zauberei: »Die Vereinigungen des wahrhaften Baudoux, desjenigen, der am wenigsten seine primitive Reinheit verloren hat, findet nur heimlich statt, wenn die Nacht ihren Schatten verbreitet, und an einem geschlossenen Orte, geschützt vor jedem profanen Auge. [...] Dann beginnt der Tanz des Baudoux. Ist ein Einzuweihender da, so beginnt man mit dessen Aufnahme. Der Boudouxkönig zeichnet mit einer schwärzenden Substanz einen großen Kreis auf den Boden und stellt den Neuling in denselben. Ihm in die Hand gibt er ein Bündel aus Kräutern, Haaren, Hornstücken und anderen widerlichen Gegenständen. Indem er das Haupt des Novizen mit einem kleinen Holzstab berührt, stimmt er ein afrikanisches Lied an: *Leh! Eh! Bomba, hen, hen!*«

Das Lied hat bis heute überlebt (siehe Kapitel 'Revolution 1804'), doch vor 200 Jahren stand auf den Gesang oft der Tod: »Im Februar 1792 überraschte nach Malenfant ein Infantrieregiment eine Horde tanzender Baudouanbeter. Fast alle tanzenden Teufel wurden niedergemacht.« In den 1940er Jahren hatte eine große christliche Offensive zur Vernichtung von Vodou-Tempeln und ihren geheiligten Objekten geführt. Hollywood-Filme suhlten sich im Vodou-Fieber und zwangen die Anhänger in den Untergrund. Erst 1987 wurden die Rechte aller Religionen in Haïti, so auch Vodou, als Glaubensrichtung anerkannt und legalisiert.

»Wenn Du einen Baum fällst«, so ein Haïtianer, »solltest Du zuvor den Baum fragen, und dem Geist des Baumes eine kleine Gabe hinterlassen. Jahrzehntelang hat kaum jemand gefragt, oder gelauscht, oder dem Boden gedankt, als Politik und Gesetze Haïti bestimmten. Seitdem mußten Farmer aufgeben, da u.a. der importierte Reis ihre Herstellungspreise unterbot. Ganze Dorfgemeinschaften verließen ihr Land und migrierten in die Hauptstadt, die durch den großen Menschenansturm schier aus ihren Fugen geriet. Die Menschen - aus Haïti und von außerhalb - , die nun das Land beherrschen, haben Mutter Erde geschändet. Sie reagiert ganz natürlich, wie ein Pferd, das seinen rauhbeinigen

Reiter abwirft.« So eine Einschätzung des Bebens dürfte vielen Haïtianern näher sein als den meisten ihrer Helfer. Für den Künstler und Vodou-Priester Josuè war das Beben sowohl ein wissenschaftliches wie auch symbolisches Event. Das Land Haïti sei eine Person, sagt er: »Wir sehen es als Frau, unsere Mutter, 'Haïti Céri'. Sie möchte von uns wissen 'Wer wird mich schön machen, mich ankleiden und sich um meine Kinder sorgen?' Wenn Du sie schlecht behandelst, ihre Bäume entwurzelst, wenn Du sie zu arg belastest, reagiert sie wie eine Frau mit Krebs. Der Tumor wuchert als Geschwulst bis er explodiert.«

Die Trennung von Körper und Seele, die das christlich/europäische Denken beherrscht, scheint nie in afrikanische Religionen, scheint nie in afrikanisches Bewußtsein eingedrungen zu sein, zumindest nicht, bevor die Missionare kamen. Zu meditieren heißt zu tanzen. Als Außenstehender wird man kaum die Naturverehrung, vor allem die des Mapou-Baumes (*Myrsine australis*), oder anderer gro-

Ein grüner Zweig des Mapou-Baumes

ßer Bäume als Wohnort lebender Wesen nachvollziehen können. Zu Zeiten des *Rejete*, eines gewalttätigen katholischen Anti-Vodou-Kreuzzuges, mußten ganze Gemeischaften unter Einsatz von Schußwaffen zusehen, wie ihre heiligen Bäume verbrannt wurden. Sie sollten lernen, daß Gott nicht in der Natur zu finden sei, daß die Bäume 'Häuser des Satans' seien.

Madison Smartt Bell: »Man sollte sich immer daran erinnern, daß in Haïti niemand wirklich stirbt. Tote Menschen verändern ihren Zustand. Die Geister/ Seelen der Toten - *sa nou pa we yo / jene, die wir nicht sehen* - verlassen diese nicht, wie in den meisten Religionen angenommen. Sie bleiben in der Nähe der Lebenden. Unsichtbar, aber fühlbar, beleben sie ein Paralleluniversum auf der anderen Seite des Spiegels, hinter dem Vorhang, der uns von unseren Träumen trennt. Aus diesem außergewöhnlichen spirituellen Reservoir speist sie die Kraft der haïtianischen religiösen Weltsicht.«

Vodou ist ein Glaube, der Barrieren überwindet. So heißt es von den Menschen, sie seien zu 60% katholisch, zu 40% protestantisch und zu 100% vodou. »Falls alles gut läuft«, so Pierre Andre Laguerre, ein katholischer Priester, »gehen sie zur Kirche. Wenn ihnen Schlimmes widerfährt, gehen sie zum Vodou-Priesetr und bitten ihn um Hilfe.« Vodou ist Teil ihrer Geschichte und Kultur. Vodou vereinigte sie im Befreiungs-Krieg gegen die Franzosen. Vodou gab den Schwarzen Macht, daher habe es in der westlichen Kultur so einen schlechten Ruf.

Der Anthropologe Alfred Métraux erklärt zum Vodou in Haïti: »Der Grad der Zuneigung für seine Götter kann an der Menge der Energie gemessen werde, die er aufbringt, um sie zu ehren - und das mit dem Risiko der furchtbaren Strafen, die denen zuteil wurden, die an heidnischen Zeremonien teilnahmen, in denen die Kolonialisten nichts sahen als Zauberei ... Der würdevolle Eindruck, den wir von der Tiefe des afrikanischen Lebens erhalten, hat nichts mit dem Schauder zu tun, den uns das Wort 'Voodoo' verursacht. Voodoo ist der verzweifelte Versuch, die zerbrochene afrikanische Ästhetik wieder zusammenzufügen. Und mehr als das. Sie ist wiederhergestellt worden, um den Menschen unter dem vernichtenden Einfluß von Sklaverei und Armut zu dienen. Voodoo ist weniger 'Afrika in der Neuen Welt', als 'Afrika trifft die Neue Welt und reformiert die alte Metaphysik den Gegebenheiten entsprechend, mit denen sie jetzt konfrontiert ist'.«

Göttinnen können in Männer eindringen und Götter in Frauen. Im Westen nennt man so etwas, in Ermangelung eines passenderen Begriffes, Besessenheit, obschon 'Durchfließen' treffender wäre. Maya Deren beschreibt den Zustand so: »Der Loa (Geist) steigt in den Kopf desjenigen, der ihn in sich trägt. Das Göttliche Prinzip fängt an, die Person zu beeinflussen«. Der Körper wird zur Kreuzung des Göttlichen mit dem Menschlichen. Der wichtige Vermittler dabei: die Musik.

»Musik kann beim Vodou als eine Art Technologie gesehen werden«, meint Lucy Macey, »eine spirituelle Hilfs-Technologie. Um genauer zu sein, sie wird irgendwie als eine Form des Opfers angesehen. Wie im römischen Katholizismus gehört das Gebet zum Opfer ebenso wie das Entzünden einer Kerze [...] So ist im Vodou Musik eine wichtige Opfergabe, eine spirituelle Arbeit für die

Geister, denen man dient. Jeder Geist hat sein eigenes Repertoire an Liedern und jeder Geist wird mit einem speziellen Rhythmus in Verbindung gebracht. Daher tragen traditionelle Musiker eine große Verantwortung, sie müssen eine unglaubliche Fülle von Liedern und Rhythmen beherrschen und zudem wissen, in welcher Zeremonie, zu welchem Gebet, sie was von diesem Wissen in die richtigen Klänge und Rhythmen umzusetzen haben. Musik ist eine Opfergabe, ein Medium, durch das die Menschen mit der Geisterwelt kommunizieren. Wenn Du einem Geist das richtige Lied, den richtigen Tanz widmest, so möchtest Du, daß dieser Geist Dich und auch die anderen Menschen, die beten und singen, erfüllt. In der Tat beanspruchen die Trommler ihre Fähigkeiten nicht für sich, vor allem bei ausgesprochen talentierten Trommlern. Er wird Dir sagen, daß der Geist ihn zu einem guten Trommler macht. [...] Der Trommler pflegt ein besonderes Verhältnis zum Geist seiner Trommel, weil jede Trommel einen Geist hat.«

Mimerose Beaubrun beschreibt in ihrem Buch *Nan Domi*, wie sie von der Musik ergriffen wurde: »Ich entspannte mich und ließ meinen Körper zum Klang der Trommeln vibrieren, als plötzlich meine Augenlider schwer wurden: ich war müde, versucht dieser Müdigkeit zu widerstehen, wusch mein Gesicht mit kaltem Wasser, doch meine Augen schlossen sich wie von selbst. Mit einem Wasserkrug in meinen Händen fiel ich in einen tiefen Schlaf. Dabei war ich nicht wirklich am Schlafen. Ich konnte alles um mich herum verstehen. Mir kam es befremdlich vor, daß sich meine Arme und Beine bewegten. Ich wollte sie sehen, hob den linken Arm vor mein Gesicht, doch sah ich nichts. Es war sehr, sehr dunkel. Ich versuchte es erneut, dann sah ich plötzlich Gelb, dann

Weiß. Als es mir gelang, meine Augen zu fokussieren erkannte ich, daß ich vor den Trommlern tanzte, den Wasserkrug im Arm. Dann hörte ich auf, auf irgendetwas zu achten und verlor mich im Tanz. Irgendwann kam mir der Gedanke 'Mein Gott, wie kann ich nur aufhören?', doch konnte ich mich nicht weiter darauf konzentrieren: der Tanz, der Klang, der Rhythmus waren zu überwältigend. Sie ließen meinen Körper seltsame Kreise ziehen. Trotz der ohrenbetäubenden Trommeln konnte ich alles verstehen. [...] Ich war erfüllt von dem vergnüglichen Zustand zwischen zwei Wassern: tief schlafend aber völlig meiner Selbst bewußt.«

Vodou ist heute im Leben von Haïti weit mehr als nur eine Religion. Auch im christlichen Abendland wird ein Heide in seinem Leben von christlichen Normen und Vorstellungen mit geprägt. Vodou verleiht Flügel. Das Leben in Haïti ist das pure Chaos - d.h. das pure Leben. Gelebter Surrealismus.

Doch nur Praktizierende verstehen die Sprache, die einem Nicht-Initierten verborgen bleiben muß.

Vodou und das Beben

»Vodouisten wie Christen beten derzeit auf ihren Knien. Warum traf dieses verheerende Beben Haïti, wo die Regierung selbst an einem guten Tag nicht in der Lage war, seinen Menschen Bildung oder medizinische Versorgung zu bieten? In den meisten Vodou-Ritualen geht es darum, die eigene Balance zu finden, Dich mit den Geistern, Deiner Familie und Dir selbst ins Gleichgewicht zu setzen. Dieses Gleichgewicht ist in Haïti oft gestört. Dann sagen wir 'die Geister des Todes haben einen Umsturz versucht'.« *(Elizabeth McAlister)*

Am 31. Januar trafen sich 1000 Mitglieder der nationalen Vereinigung der Vodou-Priester zu einer Not-Sitzung, um über ihre Perspektiven zu sprechen. Wenn nicht sofort entschlossen agiert würde, so warnten sie, stünde dem gebeutelten Land eine weitere Katastrophe bevor.

Rigaud Benoit: Segnung der Assotor Tromme

Die spirituellen Rhythmen des Black Atlantic

Wenn Bäume gefällt werden, muß man dazu singen.
Ohne ein Lied ist die Machete stumpf.

Sprichwort aus Nigeria

Noch in den 50er und 60er Jahren brach deutschen Eltern der Angstschweiß aus, wenn sie ihre aufmüpfigen Kinder an die ›Urwaldmusik‹, die ja schon von den Nazis als undeutsch geoutet & verdammt wurde, verloren. ›Neger-Musik‹ – so weit lagen die Nazis mit ihrer Einschätzung ja nicht vom Ursprung der Rhythmen entfernt – auch wenn sie den Umweg der Musik via die ›Urwälder‹ der Amerikas anders einschätzten.

Das gemeinsame Singen bei der Arbeit, das man auch heute noch in Afrika erleben kann, wurde von den Sklaven auf den Plantagen jenseits des Atlantiks übernommen. Singen als Teamwork. So wie auch auf heutigen Rockkonzerten – wenn sie gut sind, es wirklich rockt & rollt – Performer & Publikum zu einer Gruppe verschmelzen. Tanzen als Leben.

Statt gesittet europäisch in Reih' und Glied tanzten die unterdrückten Menschen im Exil ekstatisch Freestyle, zwischen Trommel und Himmel. Nenn die Musik Calypso, Samba, Blues, Jazz, Rock, Reggae oder HipHop – sie basiert auf Überlebensstrategien von afrikanischen Sklaven in der Karibik und den Amerikas. Stark verkürzt: Ohne Zuckerrohr keine Sklaverei, keine Afrikaner in der Karibik & den Amerikas (oder erst viel später, als die Baumwolle die Plantagen der späteren USA füllte) – und bei uns würde vielleicht immer noch dem Ringelpiez mit Anfassen oder der Marschmusik gefrönt.

Afrikanische Musik ist gelebte Spiritualität. Traditionell ›herrschen‹ die afrikanischen Götter nicht von oben, sondern sie sind unter uns. Es gibt weder Himmel noch Hölle, weder Traumzeit noch Hades – aber ein religiöses Verlangen, z.B. bei den Yoruba,«den Gott zu machen». Das heißt, Energien mit Hilfe von Trommeln und TanzMeditation so zu aktivieren, daß sie den eigenen Körper durchfließen – von Gott oder der Göttin durchdrungen zu werden. Der Westler nennt diesen Zustand verächtlich ›Besessenheit‹ und diagnostiziert eine Psychose. Aktivisten sprechen dagegen von Voodoo, dem wir uns zuwenden müssen, um die Wurzeln der afrikanischen Musik zu finden. Diese Wurzeln wurden für die vielen Versklavten, die ihre Götter & Rhythmen mit in die Neuen Welten nahmen, zu einem grünen Zweig.

»Der Grad der Zuneigung (des Afrikaners) für seine Götter kann an der Menge der Energie gemessen werden, die er aufbringt, um sie zu ehren – und das mit dem Risiko der furchtbaren Strafen, die denen zuteil wurden, die an heidnischen Zeremonien teilnahmen, in denen die Kolonialisten nichts sahen als Zauberei [...] Die Überanstrengung war so überwältigend, daß die Lebenszeit eines Negers, der auf die Plantagen von Santo Domingo verkauft wurde, von vorneherein auf nicht länger als zehn Jahre geschätzt wurde. Wir können die Hingabe dieser Sklaven nur bewundern, die ihre Ruhepausen und ihren Schlaf opferten, um die Religion ihres Stammes aufrechtzuerhalten – das unter den Augen der Weißen und unter den gefährlichen Bedingungen. Wenn man bedenkt, wieviel Kraft, wieviel Mut nötig waren, um zu ermöglichen, daß die Lieder und die Riten, die zu jedem Gott gehörten, von Generation zu Generation weitergereicht werden konnten!« *(Alfred Metraux ›Vodou in Haïti‹.)*

Die puritanischen Weißgesichter Nordamerikas fürchteten sich vor den Voodoo-Mächten, die sie aus Afrika via die Westindischen Inseln nach Lousiana eingeführt hatten. In New Orleans wurde folglich um 1800 ein ›Einfuhrverbot‹ afrikanischer Sklaven aus der Karibik verhängt, da man vor deren ›Voodoo-Macht‹ der Trommeln und Tänze Angst hatte. Mitte des 19. Jh. durften Sklaven Sonntags lediglich an einem Platz in New Orleans, einem ehemaligen Heiligen Platz der Indianer, dem damaligen Congo-Square (heute Teil des Louis Armstrong Parks), trommeln und tanzen. Hier wurden die Überbleibsel alter afrikanischer Musiktradition von jenen Menschen kultiviert, die im täglichen Leben entrechtet waren.

Grundlage waren Klänge und vor allem Rhythmen aus Afrika. Dabei entwickelte sich ein Raster, welche der Musiken aus der Heimat übernommen, und welche im Laufe der Zeit vergessen wurden. Der Anthropologe Ernest Borneman stellte fest, daß traditionelle Lieder, die sich mit Stammesstrukturen, Familienstammbäumen und Stammes-Initiationen befaßten, ausstarben. Bestehen blieben Lieder, durch die die Arbeit erleichtert und in denen Helden verherrlicht wurden, Kinder- und Liebeslieder und auch Musiken, die eine Community zum Spiel, Tanz oder zur Ekstase vereinte. Diese Lieder, meist eine Mischung von Gebet und Lobpreisungen, vermittelten ein spirituelles Gruppengefühl. Die Liederform wandelte sich, wurde durch christlichen Input zum Gospel & Spititual, und entwickelte sich bei eher weltlichen Parties zum folkloristischen, weltlichen Blues.

Die religiöse Musik afro-amerikanischer Kulte unterscheidet sich in vielen Aspekten kaum von der Musik in ihrer ursprünglichen Heimat: die Rhythmen, die Trommeln und grundlegende Strukturen gleichen sich. Ein Lead-Sänger führte, die Meute antwortete. Der Sänger improvisierte die Melodie, die Trommler nutzten die Möglichkeiten der – für europäische Ohren ungewohnten – Polyrhythmik. Fehlten die Instrumente (anfangs Gitarre, Geige und Banjo), sang man a capella. Neu waren die längeren Melodielinien, das europäische Versmaß der Texte und die europäischen Stimmungen. Wichtigste Spielwiese für die Transformation dieser Musik war ursprünglich die Kirche bzw. die Kirchen. Der Priester ersetzte den traditionellen Medizinmann, nahm dessen Funktionen ein: Trost spenden, Kranke heilen, das Unbekannte erklären [...] Indem es den Neo-Afro-Amerikanern zunehmend gelang, afrikanische Elemente in den christlichen Gottesdienst einzuführen, kreierten sie etwas neues: einen (christlichen) Gottesdienst, in dem man nicht nur brav gemeinsam sang, sondern in dem bis zur Besessenheit getanzt & gefeiert wurde.

Einige afro-amerikanische Musiker versuch(t)en ihre Wurzeln im Kontinent ihrer Ahnen wiederzufinden. HARRY BELAFONTE zum Beispiel, oder TAJ MAHAL. Über letzteren schrieb ADRIAN WOLFEN anläßlich des Albums MAHAL MEETS THE CULTURE CLUB OF SANSIBAR: »Es sei nicht nur Fernweh, das die Antriebskraft seiner musikalischen Abenteuer darstellt. Ihm – uns? – dienen seine musikalischen Unternehmungen als Reise zu den Ursprüngen der Musik, mithin zu den Urgründen der menschlichen Seele, wo, wie er sagt, die Ahnen wohnen. Den Ahnen sei er es schuldig, so erklärte er, ihr Erbe der Menschlichkeit in der Gegenwart vor allen Angriffen durch eine kommerzielle Unkultur zu retten. ›Wenn‹, so Taj Mahal, ›etwas einmal getrennt wurde, so wie zwischen Afrika und Amerika, entzieht sich eine bestimmte Kommunikationsebene dem Wissen.‹ Wenn das Musikgeschäft die wahre Musik unterdrücke, dann ist, laut Mahal, das Opfer größer als die bloße Abfolge von Tönen, Rhythmen, Harmonien, Klängen und Melodien. [...] Er erforscht die Genealogien der Instrumente und der Lieder, bewahrt sie vor dem Vernichtungsprozeß durch die Kulturindustrie. So hört er sich in die Geschichte und seine Roots hinein, weil er weiß: ohne Vergangenheit keine Gegenwart, keine Zukunft« *(JazzThetik 3/05)*

Musik in Haïti I

Aber sucht nicht nach Dissonanzen;
denn am Ende gibt es keine Dissonanzen.
Wenn die Musik erklingt, werden alle tanzen.

Antonio Machado

Über die Musik auf Hispaniola vor Kolumbus schrieb Tippenhauer: »Die Kaziken-Indianer kannten Hymnen, die am Vorabend schlechter Zeiten gesungen wurden und Leichengesänge für ihre Verstorbenen. Die Musikinstrumente für Totengesänge bestanden aus Flöten, die aus dem an den Flüssen wachsenden Rohre gemacht wurden. Zu den Tanzbelustigungen spielte eine Art Harfe, die in Halbkreisform aus dem Feigenbaum geschnitzt wurde, und eine Kalebasse, die an einem Ende mit Pflanzenfasersaiten der Aloe bespannt war. Um die Kämpfenden zu versammeln, bedienten sich die Indianer dumpfklingender Trommeln und unheimlich tönender Lambi-Muscheln (*Strombus gigas*). Die Trommeln wurden aus einem hohlen, geschlossenem Holzzylinder angefertigt, der nur an einer Seite geöffnet war.«

Wenn Du große Ohren hast, ein höhrender Mensch bist, so besuche Haïti mit seinem äußerst lebhaftem Klangteppich. In Port-au-Prince tönen nicht nur die Sound-Systems der tap-taps, der örtlichen offenen Busse, sondern es schallt an jeder Straßenecke; überall neue Klänge, Geräusche und Musiken - bis ins Ohrenbetäubende.

Auf dem Lande unterstützen sich die Menschen mit Arbeitsliedern beim Pflügen, beim Bauen oder beim Stampfen der großen Getreide- oder Erdnuss-Mörser. Die Menschen stellen drei davon nebeneinander und entwickeln einen gemeinsamen Rhythmus, um sich die Arbeit zu erleichtern. Musik wird in Haïti als Technologie mannigfaltig eingesetzt, die auch jeden Einzelnen in eine gelebte, ganzheitliche Körper/Geist-Verbindung rockt. Sie verbindet die Menschen, läßt sie in gemeinsamen Rhythmen schaffen, die zudem die Gemeinschaftsarbeit effizienter machen.

Das politische Liedgut deckt alle Triumphe und Abstürze der Diktatoren ab, und ließ viele Musiker nach Miami oder New York flüchten, falls sie nicht in den Knast wanderten. Man singt Lieder über und stärkt so ihre creolische Identität.

Der musikalische Ursprung liegt in Afrika, und Afrikas Rolle im heutigen Musik/Bewußtsein wird permanent diskutiert. Soll man sie verunglimpfen wie im Westen oder aufrecht erhalten? Die *Racine-* oder Roots-Bewegung geht aufs Land, lernt traditionelle Rhythmen und Lieder von den Alten, kehrt damit in die städtische Kultur zurück, mixt sie mit Hendrix oder Santana, Vodou-Trommeln samt E-Gitarre, und schon rockt es zeitgemäß.

Musiker mit großem Einfluß auch außerhalb Haïtis sind das Ehepaar Mimerosa und Lolo Beaubrun mit ihrer Gruppe Boukman Eksperyans sowieWyclef Jean. Über erste mehr im 'Nach dem Beben'-Musik-Kapitel.

Wyclef ist selbst für haïtianische Verhältnisse ein außergewöhnlicher Mensch. Spätestens als er mit einer haïtianischen Flagge umhüllt seinen ersten Grammy abholte, boostete er das Selbstwertgefühl fast aller jungen Haïtianer. Man muß sich vergegenwärtigen: Junge Haïtianer in Miami waren in der gesellschaftlichen Hirarchie ganz unten. Als Boat-People verachtet, als arm, Analphabeten, Vodou-Anhänger, HIV-Träger verspottet - und plötzlich gab ihnen Wyclef ihren haïtianischen Stolz, ihre Würde zurück. Seine Platin-Alben machten sie stolz. Auch weil er immer fest in Haïti verankert blieb, auf seinen US-Alben Lieder in Creole sang, aber auch daheim crossovernd mit örtlichen Musikern Tonträger aufnahm. Von seinen Einnahmen fördert er viele gemeinnützige Initiativen - von Kinderernährung über Ausbildungsplätze bis zu weiteren sozialen Projekten; womit sich der offizielle U.N. Botschafter Guten Willens (mit Diplomatenstatus) Wyclef auch medienwirksam einsetzt. Er steuerte den Soundtrack zu Jonathan Demmes Film *Der Agronomist*, über den Journalisten Jean Dominique, bei, der als Kritiker die Douvaliers überlebte, um dann zu Zeiten der Kämpfe zwischen Aristide Anhängern und Armee ermordet zu werden.

Konkrete Hör-Hinweise am Ende des Buches, eine ausführlichere Aufstellung bei uns erhältlicher Klangkonserven aus Haïti führt der *Rough Guides World Music* auf.

Toto Bissainthe & Ti Coca –

Zwei exemplarische Musiker Haïtis – von Jean Trouillet

1979 schrieb die große, rebellische Künstlerin Toto Bissainthe ihr bekanntestes Lied, das nach dem Großen Beben 2010 von vielen Menschen, die ihrer Trauer Luft machen wollten, gesungen wurde: *Dey* (Trauer): »Trauer, ich rufe die Trauer um Haïti aus, Haïti, meine Geliebte, deine Kinder sind tot und die anderen sind nackt, wer wird um dich trauern? Dein Blut, dein Volk ist in der Diaspora... abgewandtes Haïti, zum lebenden Toten gemacht, ich rufe dich an, damit du mich rufst und dein Blut sammelst für den großen *Kombit*.« (Bauernversammlung im Zusammenhang mit Riten des Pflanzjahres).

Erol Josué, in Paris lebender haïtianischer Vodou-Priester und Choreograph, hat sie für uns beschrieben: Toto Bissainthe war eine Frau der Leidenschaft, die ihr Land im Alltag lebte. Als unvergleichliche Königin der Lockvögel besang Toto ihre Heimaterde. Sie war ebenso erhabene Schauspielerin, die Texte interpretierte, die Haïti in allen seinen Facetten widerspiegelten - von den heiligen Gesängen des Vodou bis hin zu volkstümlichen Balladen. Der Vodou hat ihr ein Repertoire nach ihrem Maß gegeben. Toto Bissainthe ist 1953 in Paris angekommen, im April 1978 hat sie im *Théâtre de la Ville* gesungen. Aktiv und ausdauernd wie keine andere spielte sie ungefähr zwei Wochen lang im Pariser Jazzclub *New Morning* in einer rebellierenden Vorstellung, genannt *Supermarket*, welche Szenen der Diktatur in Musik umsetzte: »Während die Armen aus den Mülltonnen essen, sind die Duvalieristen im Supermarkt...« Sie transzendierte ihre Texte mit ihr eigenen Worten, aber vor allem mit dem Gewicht des Leidens, welches sie in sich trug - das wohlbekannte Leiden der Diaspora. Weit entfernt von ihrer geliebten Erde, einem gefolterten Land, in dessen Todeskampf sich ihre Brüder gegenseitig wegen Macht und Ruhm töteten... Nach ihrem Tod 1994 hat uns Toto Bissainthe ein sehr reichhaltiges musikalisches Werk hinterlassen, mit ergreifenden Texten rund um den Pantheon der Ahnen und den einer wahrhaft schönen Frau namens HAÏTI. Sie war eine wahre SAMBA, eine der Wegbereiterinnen der heutigen roots-Bewegung.

Wir waren froh zu hören, daß Ti-Coca, seine Musiker, und ihre Familien, obwohl nicht weit von Epizentrum des Bebens lebend, Glück gehabt haben. Die Journalistin und Produzentin Emmanuelle Honorin hatte den Troubadour der Ärmsten in Jacmel entdeckt und mit ihm gesprochen.

Ti-Coca, kleiner Mann, tänzerisches Wesen, ist ein Barde der neuen Generation. Aus Port de Paix im Nordosten Haïtis stammend, bildet er mit seinem Quintett *Ouanga-Negues* (mystischer Vogel, Symbol der Verführung, Talisman) eines der wenigen professionellen Ensembles, die den wiegenden Charakter dessen bewahrt haben, was der haïtianische Musikwissenschaftler Jean Fouchard 'die sanften Kongo-Pastoralen' nannte. Dieser *Merengue* ist aus Abkömmlingen der französischen Kontertänze (*contredanses*) entstanden: *mascarons, lanciers* und *quadrillen*. Wie es jedoch sein Name nahelegt, dürften sich seine Ursprünge bei den Bantu von Mosambik finden, im *moringue* der Küsten des südlichen Afrikas. In Madagaskar und auf der Insel Réunion ist er ein Sport, ein Kampftanz der Plantagen, eine Art lokaler *capoïera*. Dieser *Merengue* ist sanft und wiegend. Sein Grenzverwandter, der nervösere und männlichere *Merengue* von Santo Domingo, ist lateinamerikanisch geprägt. Ti-Coca vermittelt mit seinem Ensemble - Kontrabaß, lebhaftes Akkordeon, Banjo, Marracas und Perkussionen - auch einen Hauch der kubanischen *habanera*. Es ist der Bumerang-Effekt der *danza*, dem musikalischen Substrat, das seinerseits aus den von Santo Domingo bis zu den Palmenhainen des kubanischen Orient exportierten Kontertänzen hervorging. Die Kolonialherren und einige ihrer entlaufenen Sklaven, deren Nachkommen heute *francese* genannt werden, hatten diese Musik seit 1790 auf der Flucht vor den Aufständen verbreitet.

Ti-Coca ist einer jener Troubadoure, deren Stil manchmal *siwel* genannt wird und dessen Texte ähnlich dem Geschmack jener süß-herben Frucht gleichzeitig zärtlich und derb sein können. Er hat etwas von einem Chansonnier - und vom *commandeur* der Kontertänze. Diese *commandeurs*, die einst als Kapo der Kolonialplantagen im Umgang mit der Peitsche vertraut waren, sind heute Anführer unvergleichlicher Improvisationstänze, die noch in den entlegensten Landstrichen getanzt werden. Wie sie ruft Ti-Coca *Simbi*, den Geist der Meere und *Erzulie*, die Göttin der Liebe, die schöne und eitle Frau oder *Baron Samedi*, den Gott der Toten, mit einer aus der Fassung bringenden Entspannung, an. Er vermischt auf frische Weise die Register des Heiligen und des Profanen.

Wenn dieser leichte Balltanz, *Bolero, Merengue* oder *Compas-racine* genannt, jene widerspenstigen Geister einbezieht, wird er zum *rada* (Nation der Loa, aus Afrika stammende Vodou-Geister, bzw. Ritual, welches für die Loas dieser Kategorie vollzogen wird; von der Stadt *Allada* in Dahomey abgeleiteter Begriff), *petro* (Kategorie von Geistern, die auf der Insel während der Kolonialzeit geboren wurden, und sich auf diese berufendes Ritual) oder *yanvalou* (*Dambal-lah*, dem Schlangengott gewidmeter Tanz), je nach der Familie von Rhythmen und Riten desjenigen Vodou-Pantheons, zu welchem er gehört.

Dies kann dann eine jener gut angepaßten Melodien sein, Abzählverse mit unschuldiger, anständiger Verzierung, die - ohne es zu scheinen - mit pornographischen Anspielungen, Scherzen rund um den Koitus und sexuellen Attributen ausgeschmückt sind. Scharfe Ironie und grenzenlose Schlüpfrigkeit, die daran erinnern, daß auf dem Gebiet des Baron Samedi und des Vodou die Götter vielleicht die einzigen Eheleute sind, und mystische Hochzeiten die wahren Verbindungen schaffen. Es ist die Höhle einer vielschichtigen Welt, die durch ständige Doppeldeutigkeiten nicht zuletzt auf der Ebene der katholischen Doppelgänger einer jeden Gottheit gekennzeichnet ist - Synkretismus verpflichtet. Zum Jahrestag der Abschaffung der Sklaverei macht jene freundliche, unkonventionelle Anspielung auf die Sklavenflucht sowie seine spielerische Verbundenheit mit alten Traditionen aus diesem Peter Pan einen tropischen Dandy mit verrücktem Charme, dessen verführerisches Unternehmen erst am Anfang zu stehen scheint.

Der wichtigste klassische Komponist in den USA des 19. Jh. war zweifelsohne der in New Orleans, in der Nähe des Congo Square herangewachsene **Luis Moreau Gottschalk** (1830-1870), dessen Muter aus Haïti stammte. (Gottschalk-Tonträger: The Banjo, Vanguard Classic; A Night in the Tropics, Naxos)
Gottschalk ist nur einer von vielen ernsten Komponisten, die Haïti hervorgebracht hat. Die größte Sammlung von Noten etc. ist - im Gegensatz zu vielen anderen Archiv- und Museumsstücken - erhalten geblieben, da die Sammlung der La société de recherche et de diffusion de la musique haïtienne an der University of Quebec in Montreal lagert. Dazu gehören die Werke von Justin Èlie (1883-1931), Werner Jaegerhuber (1900-1953) u.a.m. Mehr zum Thema in: "The Tradition of Western Art Music in Haïti" commissioned by The New Grove Dictionary of Music and Musicians. • "La Melodie Vaudoo - Voodoo Art songs: The Genesis of a Nationalist Music in the Republic of Haïti" - The Black Music Research Journal, Vol. 21, No.1 Spring 2001 • "Teaching Classical Music in Haïti Today" In: Hemispheres, Spring, 1994

Diese strahlende Farbenpracht!
Haïtis Bild-Kunst

Es ist mehr als bedauerlich, daß in diesem Buch keine Bild-Schätze aus Haïti in Farbe gezeigt werden können, so bleibt mir leider nur der Hinweis auf das umfassende und bunte Buch: *Kunst aus Haïti;* erschienen 1979 zum *1. Festival der Weltkulturen* in Berlin.

André Malraux beschrieb jene Bilderwelten: »Afrika hat in den USA sein Genie im Jazz entdeckt, aber die USA sind der reichste Subkontinent der Welt; sein Genie für die Farbe hat Afrika nicht dort, sondern im dürftigen Haïti entdeckt, und dort allein. [...] Daß in einer winzigen Ecke der schwarzen Welt - und nur dort - eine ganze Malerschule diese Freiheit verkündet: gegen die Versklavung durch einen Akademismus, der nichts versklavt, weil man ihn nicht kannte; daß eine einzige schwarze Malerschule uns ergreift und daß dies eine Schule naiver Maler ist, kann man sich zunächst aus einer Verknüpfung von Umständen erklären.«

Den Ursprung haïtianischer Malerei findet man in der Vodou-Kultur. Dort bemalte man die Wände der Tempel und Fahnen für die Rituale. Lebendige Volkskunst - daher von Westlern auch oft als 'naiv' abgetan; dabei hat Haïti sich auch auf der internationalen Kunstszene einen Namen oder zwei gemacht.

Die erste Kunstschule in Port-au-Prince wurde 1915 gegründet, sie zog auch Maler von auswärts an. Den größten Mentor fand die haïtianische Malerei zweifelsohne in De Will Peters, ursprünglich ein holländischer Lehrer. Er kam 1943 als Kriegsdienstverweigerer aus den USA nach Haïti und war von der örtlichen Szene so stark beeindruckt, daß er in Port-au-Prince am 14. Mai 1944 das *Centre d'Art* gründete. »Die Rolle des *Centre d'Art*«, so erklärte er enthusiastisch, »ist in erster Linie nicht die einer Schule. Von Anfang an stimmten die Organisatoren darin überein, daß es zwei verschiedene Künstler in Haïti gibt: die, die Ermutigung und technische Hilfe benötigen, um sich schöpferisch auszudrücken, und die, die eine ausgesprochene Ausbildung brauchen, um ihre Talente zu entfalten. [...] Das erste Mal in ihrem Leben praktisch angeleitet und unterstützt, begann sich unverzüglich eine bemerkenswerte Individualität und Begabung für Ausdruck herauszukristallisieren. die jedem von ihnen eigen war.«

Im *Centre d'Art* 'entdeckte' Peters u.a. den zwischenzeitlich zur legendären Gestalt der örtlichen Kunstszene aufgestiegenen Hector Hyppolite (1894-1948). Dieser war ein Vodou-Priester, dessen Allianz mit der Spirit-Welt auch in seinen erfolgreichen Zeiten nie verblaßte. Truman Capote schrieb 1948 über ihn: »Hyppolite könnte sich fließend Wasser, ein echtes Bett, Strom etc. leisten; doch er lebt bei Kerzenlicht in seiner angestammten Nachbarschaft, und diese hat jederzeit Zugang zu ihm, wie er zu ihnen. [...] Das ist einer der Gründe, weshalb ich ihn so bewundere. In seiner Kunst finden sich keine pfiffigen Hinterhältlichkeiten, er nutzt was in ihm lebt, und das ist die spirituelle Geschichte seines Landes, die Gesänge und Anbetungen.«

Doch auch hier ist die Ausbeutung nicht weit. In den Worten Hubert Fichtes: »Eine widerspenstige Kultur, keine Siege, keine Reinheit, kein Spezialistentum - sondern Vermischend und Allumfassend. [...] Der erste Eindruck ist entsetzlich. Gemälde zu Hunderten auf Schubkarren, Lagerhallen voller Souvenirs, neben Verhungernden im Schlamm; Bilder kellervoll, Säle voller Maler, Fabriken für Schnitzwerk, Galerien, die den Malern die Werke für weniger als ein Butterbrot abhandeln, Galerien, die Bilder für Tausende von Dollar in die USA, nach Europa an Sammlungen und Museen verkaufen. Ein haïtianischer Maler sagte von seinem Kunsthändler 'Er hat meine Seele gefressen'.« Allein in Port-au-Prince gehen die Schätzungen von 500 - 800 Malern in der Stadt aus, während es auf anderen Karibikinseln so wenig Bezug zur Malerei gibt wie traditionell in einigen afrikanischen Staaten, in denen Kunstobjekte eher geschnitzt oder gebrannt werden. Hier geschieht es oft, daß jemand von seinem Nachbarn oder Kumpel inspiriert beschließt zu malen: »Warum nicht auch ich?«.

Marktfrauen - von Charle Magne L.

Vor Kolumbus

Die Taínos

Als Kolumbus 1492 als erster Europäer die Hispaniola betrat und dort u.a. Seuchen, Zuckerrohr und afrikanische Menschen einführte, bewohnte das mit den Arawak verwandtes Volk der Taínos schon seit 5.000 Jahren den bergigen Westen der Insel, die sie Haïti nannten.

Die Insel war ein Traum; in den Worten Lafcadio Hearns: »Das gewaltige stumme Gedicht aus Farbe und Licht ... aus Meer und Himmel, aus Wäldern und Berggipfeln übersteigt die Vorstellungskraft so weit, daß sie lähmt.« Der Mönch Las Casas kam mit Kolumbus und beschrieb später, wie sie sich auf der ›großen herrlichen Insel Hispaniola‹ niederließen. »Rings um sie herum liegen noch andere sehr große Inseln, die sämtlich – denn wir haben sie alle gesehen – so bewohnt, so stark mit eingeborenen Indianern besetzt waren, als das volksreichste Land der Welt. [...] All diese unzähligen Menschen von verschiedenem Schlage schuf Gott einfältig, ohne Falsch und Arg. Sie waren demütig, geduldig, friedliebend und ruhig; kannten weder Streit, noch Zwietracht, noch Zank; wußten nicht einmal, daß Groll oder Haß oder Zwietracht oder Rachsucht in der Welt vorhanden sind.«

Die damaligen Schätzungen der Zahl der Menschen auf Santo Domingo schwankten zwischen 2.000.000 (Las Casas) und 100.000. Dazu Tippenhauer: »Wenn man aber bedenkt, daß 1507, d.h. 15 Jahre später, die Seelenzahl der haïtianischen Indianer nur 60.000 betrug oder gar nur 40.000, so drängt sich dem sinnenden Kritiker der Gedanke auf, daß die ersten Angaben weitaus überdeckung richtiger auf 800.000 anzugeben.« Unbestrittener scheinen die Zahlen von zehn Jahren später: 1517 lebten 14.000, 1550 nur noch 150 Taíno in Haïti.

»Die Insulaner hatten keine nationalen Bestrebungen, keine Volkshoffnungen, keine Wünsche und keinen Ehrgeiz, und einige der alten Chronisten sagen sogar, daß sie ohne Leidenschaft waren. Die Berichte aber, die andere gaben, von der Polygamie, die bei ihnen in Ehren stand, von ihrem Stolze und augelassenen Tanze, von ihrer Wildheit, wenn sie sich zum Kampfe erhoben, von dem Uebermaß ihres Tabackgenusses, zeigt, daß die Meinungen von der Leidenschaftslosigkeit wohl ein Irrthum war. [...] Von der Sonne und dem Monde glaubten die Índianer, daß sie aus einer Höhle, genannt *Jobobaba*, entstiegen seien. Zum Himmel emporgekommen marschierte die Sonne, *Huiiou*, und der Mond, *Nonun*, zuerst in Einigkeit zusammen. Der Mond, jedoch von Neid entflammt und erbost, daß die Strahlen der Sonne sein fahles Licht gänzlich verschwinden ließen, flüchtete sich und erschien künftig nur nächtens. Beide Gestirne wurden verehrt. Zur Zeit des Neumondes wurde mit Ungeduld der Aufgang des Gestirns erwartet; sobald es sich zeigte, strömte die Menge aus ihren Hütten, *nonun, nonun* ausrufend. Eine allgemeine Freude herrschte, ein kurzer Moment lärmenden Jubels.

Ihre Tänze waren verschiedener Art; bisweilen stellten sich die Männer auf einer Seite auf, die Frauen auf der anderen; bisweilen begannen sie einer nach dem andern, bis die ganze Versammlung auf den Beinen war. Wenn man die Erzählungen früherern Geschichtsschreiber liest, ist man nicht erstaunt, daß die nitainischen Insulaner ein sorgloses, schwaches, entnervtes Volk waren; denn sie begingen die größten sensuellen Excesse. Sie tanzten, bis sie nicht mehr konnten und zu Boden fielen. Darafhin betäubte man sich mit dem Rauch des Tabacks oder gaben sich venenischen Genüssen hin. Der Kazike allein wurde von seinen Frauen von dem Schauplatz dieser Orgien in sein Bett oder in seine Hängematte getragen. [...] Wie bei allen Wilden war die Färbung der Haut glänzender Schmuck. Um, wie sie sagten, ihre Haut gegen die brennenden Sonnenstrahlen unempfindlich zu machen, beschmierten sie dieselbe mit Öl des rothen Roukon.« *(Tippenhauer)* Daher stammt bei uns der verwirrende wie falsche Begriff 'Rothäute' für die Menschen der 'Neuen Welt'.

Die Taínos lebten sehr umweltbewußt. Den spanischen Besuchern fiel damals auf, daß es unter der Bevölkerung keinen Streit gäbe; der kommunale Zusmmenhang sei stärker als persönliche Differenzen. Auch zwischen den einzelnen Stämmen käme es kaum zu Unstimmigkeiten, da alle grundlegende Spielregeln des Zusammenlebens einhalten würden.

Die Eroberer nahmen u.a. die Hauptnahrungspflanze der Taínos, Cassava, samt deren Techniken des Anbaus und der Verarbeitung mit, und brachten sie ins sub-saharische Afrika, ja bis nach Indien und Südostasien. In vielen dieser Regionen, vor allen jenen, die sich nicht zum Reissanbau eignen, gehört Cassava seitdem zu den wichtigsten Nahrungsmitteln.

Der europäische Speisezettel verdankt den Taínos die Süßkartoffel, Bohnen, Erdnüsse, Kürbisse, Yams, Maniok, Guaven und Ananas. Die Teínos auf Kuba und Hispaniola beglückten die Restwelt mit Tabak, der in Zigarrenform genossen wurde. Tippenhauer berichtete 1890: »Die Indianer waren *indolent* [nennt man heute '*chillen'*] im höchsten Grade. In ihren Hängematten liegend rauchten sie den Taback aus Pfeifen, *tobaco* genannt. Den Taback selber

Waldvegetation an Wasserläufen des Niederlandes (Quelle von Turgeau).

Busch- und Waldvegetation an Hügeln.

S. 213.

aus: Tippenhauer

33

nannten sie *coiba* oder *cohiba*. Auch versammelten sie sich im Kreise und betäubten sich mit dem Rauch des Tabacks. Auf einige halbverbrannten Aeste streuten sie einige noch nicht völlig getrocknete Blätter der Tabackspflanze und nahmen hierauf eine Röhre von der Form eines Y; den Fuß derselben hielten sie in den aufsteigenden dichten Rauch und die beiden Arme in den Nasenlöchern. Sie athmeten dann in vollen Zügen den Tabacksqualm ein, bis sie betäubt zu Boden fielen. Auf den Boden hingestreckt verharrten sie in einem Zustande halbträumender Besinnungslosigkeit, aus dem sie sich physisch und geistig gelähmt erhoben«

In der Tat ist *tabaco* ein Taínos-Wort. Andere Begriffe, die wir aus ihrem Wortschatz übernommen haben, sind: *Barbecue, Hurrikan, Ananas* und *Savanne*.Die Taínos waren ein friedliches Volk, das den Waffen der Eroberer nichts entgegenzusetzen hatten, als die Syphilis, die durch sie indirekt erstmals nach Europa kam. Die Urbevölkerung unterwarf sich nicht den Arbeitsvorga-

ben der Spanier, doch ihre Körper waren einigen eingeschleppten Krankheitserregern gegenüber wehrlos, und innerhalb nur einer Generation schrumpfte ihre Zahl auf unter 1.000. Im Jahr 1519 sollen die letzten 500 überlebenden Taínos unter einem Häuptling namens Enriquillo in die Berge geflüchtet sein. »Man schließt die Augen vor Scham, bloss wenn man die Qualen liest, inmitten welcher die Knechtschaft dieses schwache und gute Volk umkommen ließ.«

Der Anker von Columbus' Santa Maria

Ohne Zuckerbrot – aber mit Peitsche:

Kolonialgeschichte/n, Sklaverei & einige der Auswirkungen

> Bei dem Worte Zuckerpflanzung schaudern
> alle Sklaven, sie lassen sich lieber totschlagen,
> als in eine Zuckerpflanzung verkaufen.
> *Charles Sealsfield aka Karl Postl (1797-1864)*

»Ob Kaffee und Zucker für das Glück Europas entscheidend wichtig sind, weiß ich nicht; was ich aber sehr wohl weiß, ist, daß diese beiden Erzeugnisse das Unglück zweier großer Weltregionen begründet haben: Amerika wurde entvölkert, weil man Land haben wollte für ihren Anbau, und Afrika wurde entvölkert, weil man Menschen haben wollte, die sie anbauten.« (MEDICK) Wie viele Kollegen erklärt auch Medick irrtümlich die Pflanzen und Erzeugnisse zum ›Unglück‹, nicht ihre Verwertung durch den Menschen; like: »It's the economy, stupid!«

Doch trägt die Zuckerproduktion die zweifelhafte historische Auszeichnung, den Sklavenhandel ins Leben gerufen, die Expansion der europäischen Imperien finanziert und erheblich zur Entwicklung des Kapitalismus beigetragen zu haben. Und im Grunde hat sich seither wenig verändert. Im gesammten Tropengürtel, in den Hungergebieten Lateinamerikas, Afrikas und Asiens sind große Teile der besten Ackerböden nach wie vor von Zuckerrohrplantagen bedeckt, die die lokale Umwelt zerstören und eine Hand voll Leute reich machen – allerdings nicht jene, die tatsächlich die Knochenarbeit leisten.

Heinrich der Seefahrer kidnappte im Jahr 1444 235 Afrikaner aus Lagos, brachte sie nach Sevilla und verscherbelte sie in die Sklaverei. Das war der Anfang vom Ende für rund 20 Millionen Afrikaner.

Der mit Columbus reisende Priester Las Cassas zeigte Erbarmen mit der karibischen Urbevölkerung und brachte so tragischerweise den transatlantischen Sklavenhandel auf Hochtouren. »Mitleid überkam ihn, als er sah, wie die zartgebauten, friedfertigen, liebenswerten karibischen Indianer, von den Entdeckern zur Arbeit gezwungen und mißhandelt wurden, so daß viele ihr Leben lassen mußten. Der Bischof, ein edler Menschenfreund, wollte diese Opfer vor seinen eigenen Landsleuten retten; deshalb schlug er vor, die stärker gebauten, an Fron in der Tropensonne gewöhnten Neger in die neue Welt zu schicken und sie dort an Stelle der Eingeborenen die schwere Arbeit verrichten zu lassen.« (Mühlen) Als er die Folgen dieser Idee in der Praxis erlebte, distanzierte er sich davon – allein zu spät.

Entgegen der landläufigen Meinung, wurde nur ein Bruchteil der Sklaven afrikanischer Herkunft in dem Gebiet der späteren USA angesiedelt. Etwa die Hälfte fing in der Karibik ihr ›neues Leben‹ an, ein Drittel in Brasilien und nur ca. 4% wurden nach Nordamerika verschifft. Ihr Leben war dort jedoch nicht so bedroht wie in anderen Gebieten, so daß die USA heute – nach Brasilien – die zweitgrößte afrikanische Diaspora auf der Welt besitzten.

Der black-atlantische Menschenhandel lief meist wie folgt ab: »Nachdem sie eingefangen wurden, band man sie mit Seilen zusammen, und los ging ein oft mehrere Hundert Kilometer langer Marsch, der von Hunger, Durst und Erschöpfung begleitet wurde. Die Schwachen starben denn auch meist, bevor der Verschiffungshafen erreicht wurde. An der Küste angelangt, mußten sie ihre Gesundheit unter Beweis stellen, wurden wie Vieh von Kurpfuschern untersucht, und wenn sie als plantagen-kompatibel eingestuft wurden, bekamen sie ein Brandzeichen des Besitzers.« (Blassinggame)

Die ersten Wochen waren eine äußerst traumatische Zeit für die gefangenen Afrikaner. Viele flippten aus, sprangen über Bord, anderen schien jeglicher Lebenswille genommen zu sein.

Die süßen Rohre hingegen gediehen im tropischen Klima der Karibik prächtig. Aus paradiesischen Trauminseln wie Kuba, Haïti, Martinique, Jamaika, Barbados und Puerto Rico wurden binnen kurzer Zeit Zuckerrohr-Plantagen.

Es entwickelte sich ein für die europäische Wirtschaft lukratives Handelsdreieck, wie es Marx in seinem berühmten Kapitel ›Die ursprüngliche Akkummulation des Kapitals‹ im Kapital dargestellt hat. Grundlage für die Installierung des Kapitalverhältnisses:

a) Europäer bringen Tand nach Afrika, tauschen diesen gegen Menschen.
b) Diese verkaufen sie mit großem Profit in den Amerikas.
c) Rohzucker und Rum (später auch Baumwolle) werden aus den Amerikas nach Europa gebracht.

»Im Durchschnitt ist ein Sklave im 18. Jahrhundert ungefähr eine Tonne raffinierten Zuckers ›wert‹. Für die 70.000 Tonnen Zucker, die die Engländer 1801 verbrauchten, sind 35.000 schwarze Sklaven gestorben – für jede zweite

Tonne einer.« (IMFELD 1989) »Die Zahl der Opfer, die von der einheimischen Bevölkerung in Übersee unter der spanischen Herrschaft erbracht und durch Zwangsarbeit, Mordlust, Not, Hunger und Seuchen verursacht worden ist, ist mit etwa 20 Millionen angegeben worden. Das war in einer Zeit, in der Spanien selbst nicht mehr als ca. 3 Mio. Einwohner zählte.« (OLBRICH)

Nicolas Gullién, der kubanische Dichter, fand später folgende Worte für jenes elendige Leben :

Soviel Schiffe, soviel Schiffe!
Soviel Neger, soviel Neger!
Welch breiter Glanz des Zuckerrohrs!
Welch eine Peitsche des Sklavenhalters!
Steine aus Seufzern und Blut,
Augen und Adern halb geöffnet,
und leere Morgengrauen
und Dämmerungen des Erlebens,
und eine große, starke Stimme,
die das Schweigen zerbricht.
Soviel Schiffe, soviel Schiffe,
soviel Neger!

In westlichen Geschichtsbüchern kann man nachlesen, daß England mit der Sklavenbefreiung den Anfang machte. Daß dies nicht so richtig stimmt, wird in diesem Buch deutlich. Es waren Folgen der Revolution in Haïti, die England 1938 dazu brachte in Jamaika auf einen Schlag 322.000 schwarze Menschen als ›frei‹ zu erklären. »Offensichtlich stieß sich niemand in England daran, daß die 20 Millionen Pfund Sterling Entschädigung, die bei der Freilassung der Sklaven gezahlt wurden, an die Pflanzer, in deren Besitz die Sklaven gewesen waren, und an ihre Gläubiger bzw. Kreditgeber gingen, während die Sklaven selbst, deren Arbeitskraft man sich angeeignet hatte, nicht einen Pfennig bekamen.« (MINTZ)

Peter Paul Zahl ist vor einigen Jahren nach Jamaika gezogen. Sein Eindruck: »Für über dreihundert Jahre war Zucker der einzige Daseinsgrund der Nation. Eine Gesellschaft, einzig dazu bestimmt, diese Sucht zu befriedigen, spottet jeder Beschreibung. Hier siedelten sich nicht, wie im Nordosten der Vereinigten

Staaten, Menschen an, ihre Zukunft in Freiheit oder was sie darunter verstanden zu gestalten, ihr Land zu entwickeln, ihre Selbstbestimmung zu finden. Hier bildete sich eine herrschende Klasse, deren einzige Tugenden Raubgier, Mordlust, Menschenverachtung, Blutdurst und Verschwendung waren. Nicht einen einzigen Beitrag leisteten sie zu Wissenschaft, Kunst, Kultur und Verwaltung. Nirgendwo auf der Welt war eine herrschende Elite so barbarisch wie die Plantokratie vor der Aufhebung der Sklaverei in zuckerproduzierenden Ländern.«

Sklaverei & die Kirche

Nur für scharfe Kirchenkritiker ist es heute wohl noch nachvollziehbar, daß die Sklaverei die volle Unterstützung der Kirche genoss – ja, diese bestand manchmal sogar auf einem Monopol und verdiente selber daran Millionen. Eigentlich war z.B. die spanische Kirche gegen die Sklaverei, befürwortete sie allerdings, wenn die Aussicht auf eine christliche Bekehrung der armen Menschen bestand. Noch um 1750 galt das Argument der christlichen Verteidiger, »daß man die Neger als Sklaven leichter zum Christentume bekehren könne, und daß andernfalls Kaffee und Zucker zu teuer würden«, HERDER entrüstet: »Läßt sich erweisen, daß ohne Neger keine Kaffee-, Reis-, Tabak- und Zuckerpflanzungen bestehen können, so ist zugleich auch die Rechtmäßigkeit des Negerhandels bewiesen, indem dieser dem ganzen menschlichen Geschlechte, d. i. den edleren weißen Menschen, mehr zum Nutzen gereicht als zum Nachteile.«

Die ›guten‹ Christen verwiesen auf die Bibel. Die ›Neger‹ seien Ankömmlinge vom jüngsten Sohn Noahs, Cham, der laut Bibel von seinem Vater verflucht worden sei ›ein Diener seiner Brüder zu sein‹. Folglich seien dessen Nachkommen also in ›Zeit und Ewigkeit‹ zur Sklaverei verdammt.

Mitte des 18. Jahrhunderts gehörten die Jesuiten – in Gottes Namen – zu den größten Sklavenhaltern. Daß dies jedoch nicht die absolute Einstellung aller Christen war bewies 1768 HELVETIUS: »Kein Faß Zucker gelangt nach Europa, an dem nicht Blut klebt! Angesichts des Elends und Leidens der Sklaven müßte wohl jeder menschlich Fühlende auf diese Ware verzichten und einem Genuß entsagen, der nur mit den Tränen und dem Tode so unzähliger Unglücklicher zu erkaufen ist.« Die Böden sind heute ausgelaugt, und es lassen sich nur noch Touristen ›anpflanzen‹ – die von der längst vergangenen ursprünglichen ›Paradiesromantik‹ träumen.

Alte Geschichten? Mitnichten! »Eine weitreichende und weitsichtige Entkolonisierung des Zuckermarktes hat noch nicht begonnen. Das gilt für beide Seiten. Die Betroffenen oder Opfer müssen sich bewußt sein, daß eine äußere Unabhängigkeit, ein neuer Name oder selbst eine neue einheimische Spitze wenig bringt. Längst sind nämlich alle dem Kolonisator weit näher gekommen, als gemeinhin angenommen wird. Sie haben seine Seele, seine Art, seine Sprache, seine Denkweise kopiert. Die einstigen Kolonisatoren auf der anderen Seite müssen sich bewußt werden, welch bitteres Zuckererbe sie hinterlassen haben. Diese Grundlagen allein schon zwingen zu einem gemeinsamen Vorgehen. Die Beziehung zwischen heutigen Entwicklungsländern (Ex/Kolonien) und Industrieländern muß mit neuer Phantasie angegangen werden [...] Der Zucker hat schon viele Staaten erobert, und dann muß ihm als dem ›süßen Kalb‹ geopfert werden. Zuckerkonsum ist zu oft zum Akt der Landesverteidigung und ein Zeremoniell der Staatserhaltung geworden. Daher muß endlich eine langfristige Befreiung oder Entkolonisierung des Zuckers eingeleitet werden. Erst wenn der Staat sich vom Zucker löst, wird es auch dem Bürger und Konsumenten möglich, vom Zucker mehr Abstand zu gewinnen.« (IMFELD 1983)

Die Auswirkungen der Sklaverei in Afrika

Der Sklavenhandel veränderte die gesellschaftlichen Strukturen und das Alltagsleben in großen Regionen Afrikas. Die traditionellen Führer und Könige verloren an Einfluss. Die Krieger wurden zu Abenteurern, das Volk verelendete. Einigen Ethnien/Stämmen fehlten auf Generationen die starken (jungen) Männer. Das wirtschaftliche Elend hemmte die Entwicklung der Menschen auf mehreren Ebenen.

Auch die Rückführung vieler Afrikaner ›nach Hause‹, in den neu gegründeten ›Freistaat‹ Liberia brachte ebenso viele Probleme mit sich wie dadurch gelöst wurden. Da sich ›unsere‹ Geschichtsschreibung weitgehend auf die Neue Welt (ohne die Karibik) beschränkt, wurden diese Spätfolgen der Sklaverei in Afrika bei uns nie thematisiert.

Sklaveninsel Santo Domingo *alias* Hispaniola

Kolumbus zwang die bis dato freien Indianer zu Zwangsarbeiten. »Die Wilden sollten fortan die Aecker der Spanier bebauen. Dieser Art Feudaldienst war der Ursprung der *repartimientos*, der Vertheilung der Eingeborenen unter die Colonialisten. Es wurde eine unerschöpfliche Quelle des Unheils für die einen und des Verbrechens für die anderen. 12 Jahre waren noch nicht verflossen seit der Entdeckung der Insel, und schon 1 Million der Indiner waren als Opfer der Grausamkeit der Europäer gefallen. Viele durch das Schwert, andere waren zerrissen von den Zähnen wilder Bluthunde, tausend andere starben durch die Wirkung einer unzureichenden Nahrung und einer Arbeit, die über ihren Kräften stand. Ein großer Theil fand seinen Tod in den Fluten, als er der Insel entfloh. Endlich war der Selbstmord, zu dem die Verzweiflung trieb, noch eine active Ursache ihrer Vernichtung.

Die Indianer Haïtis verschwanden von der Erde, einen Vers der Grabschrift, die man auf den Leichenstein des großen Kolumbus in Sevilla gesetzt hat, zur Wahrheit machend: 'Für ihn waren die bekannten Welten nicht genug, er fügte der alten eine neue zu und gab dem Himmel zahllose Seelen!'« (Tippenhauer) Kolumbus hatte erkannt, daß die Bevölkerung seiner Eroberungen sich nicht in den gewünschten Arbeitsprozeß eingliedern ließ, wobei zeitgleich die Portugiesen mit Westafrikanern 'erfolgreicher' waren. 1510 lief das erste von vielen Schiffen mit Menschenware aus Afrika via Spanien nach Haïti, um mit dort produzierten Waren und Edelhölzern voll beladen nach Europa zurückzukehren. Der erste Schritt unseres globalisierten Wirtschaftssystems. Die ursprünglichen Bewohner hingegen starben innerhalb einer Generation unter der Gewalt der Kolonialherren und an den Folgen der von jenen eingeschleppten Krankheiten - wie auch in der Folge in vielen anderen südamerikanischen Regionen.

»Auch wenn sich diese Ausrottungspraktiken mit ihren Millionen von Opfern im Nachhinein als Völkermorde und rassistische Formen der Vernichtung fremder Kulturen darstellen, darf nicht vergessen werden, daß sie sich über einen langen Zeitraum erstreckten und weder einem expliziten politischen Programm folgten, noch von Anfang an durch rassistische Überlegenheitskonzepte legitimiert wurden. Vielmehr gehört es zu den zentralen Merkmalen des neuzeitlichen Rassismus, daß sich Praxis und Ideologie gegenseitig hervorbringen.«

So die Sicht im Rassismus-Buch der *Bundeszentrale für politische Bildung*, die sich für jemanden aus der Karibik oder aus Südamerika wohl etwas anders erschließt.

Die schwarze Bevölkerung Haïtis setzte sich, bzw. wurde durch die Franzosen sehr pan-afrikanisch zuammengesetzt: Die Bambara kamen aus dem Sudan, Foula, Arada und Mandingos aus Französisch Guinea und dem Senegal, Fon, Nago und Iwe aus Dahomey, Ibo und Yoruba aus Nigeria, dazu Menschen aus dem französischen Kongo u.a.m.

Auf Hispaniola wuchs eine rasch blühende Industrie heran. Schon 1522 kam es zum ersten Sklavenaufstand. Im Jahre 1535 zählte man 30 Zuckermühlen. Die Franzosen vermochten im Laufe eines Jahrhunderts die Rohrkultur und die Fabrikation derart zu entwickeln, daß Haïti die Hauptzuckererzeugungsstätte der ganzen Welt wurde. Haïti entwickelte sich im 18. Jahrhundert zur reichsten französischen Kolonie (Produktion von Zucker, Kaffee, Kakao, Baumwolle), der ehemaligen 'Perle der Antillen'.

»1755 begann England, eifersüchtig auf das Gedeihen der Colonie, offene Feindseligkeiten. Der Krieg stürzte sie in ernsthafte Gefahren und tat dem Handel das größte Unheil an. Die Sachlage der Dinge wurde bald sehr mißlich: die Verbindungen mit dem Mutterlande wurden immer schwieriger; die Engländer blokierten die Küsten der Insel; der Handel verfiel, die Einnahmen gingen bedenklich zurück; die Privatleute verschuldeten sich und die Cultur lag darnieder. Die französischen Schiffe konnten keinen Sklavenhandel mehr betreiben, sodaß die Neger, welche starben, nicht ersetzt werden konnten. Viele Pflanzungen wurden verlassen, nur im Süden und Norden konnten sich noch einige Sklaven verschaffen vermittelst der Holländer und Engländer, die unter spanischer Flagge fuhren. In den westlichen Theilen war jedoch das Elend sehr groß. Die Einwohner hatten ihre Magazine voller Zucker und konnten denselben nicht los werden. Sie waren oft der nothwendigsten Dinge bedürftig. Im Jahr 1760 entstand während einiger Monate eine wirkliche Hungersnoth aus Mangel an Mehl.« *(Tippenhauer)*

Die Ideen der Französischen Revolution von 1789, daß jeder Mensch frei und mit gleichen Rechten geboren sei, erweckte in den Kolonien Hoffnungen, zumindest bei den Unterdrückten, die davon etwas mitbekamen. Doch im März 1790 erklärte die Nationalversammlung in Paris, daß ›Freiheit, Gleichheit und Brüderlichkeit‹ nur für die Menschen im Heimatland, nicht jedoch in den

Kolonien Gültigkeit hätten; dort galten die neuen Spielregeln der Menschlichkeit erst ab 1848.

Die Niederschlagung erster Proteste führte zum heftigsten Sklavenaufstand seit Spartakus. Am 23. August 1791 erhoben sich die Unterdrückten auf San Domingo unter der Führung des Sklaven Boukman, Priester einer sich neu formierenden Religion, dem Vodou. Diese vereinte Exil-Afrikaner unterschiedlicher Kulturen, bezog aber einige katholisch/europäische Elemente mit ein. Boukman klärte die Sklaven auf: »Werft fort das Symbol des Gottes der Weißen, der uns so oft das Weinen gelehrt hat, und lauscht der Stimme der Freiheit, die in unser aller Herzen spricht.« Die Revolutionäre vernichteten 1130 Zuckerplantagen und töteten etwa 2000 Franzosen. Als diese Vorkommnisse im Oktober 1791 in Europa bekannt wurden, stiegen die Zuckerpreise ins Uferlose und bereiteten der heimischen Rübe einen süßen Einstieg ins Geschäft.

Am 4. Februar 1794 schaffte der französische Staat unter dem Druck des Aufstandes von Saint-Domingue als erster Staat die Sklaverei ab. 1802 jedoch führte Napoleon (dessen Ehefrau Josephine die Tochter eines Zuckerfarmers aus Martinique war) sie wieder ein. Der Anführer der ›Aufständischen‹, Toussaint L'Overture, wurde festgenommen und nach Europa verschleppt. »Ihr habt nur den Stamm der Freiheit der Neger abgeschlagen, aber die Wurzeln sind stark und tief. Sie werden nachwachsen«, prophezeite dieser seinen Häschern. L'Overture wurde im April 1803 in der französischen Festung Joux, in 1000 m Höhe, in der Nähe der Schweizer Grenze hingerichtet. Seine Überreste wurden irgendwo verscharrt. Als der Staat Haïti 1982 um die Überreste seines Helden bat, schickte ihnen Frankreich eine Urne voller Erde aus jener Festung.

Zur geografischen wie politischen Teilung:

Aus Hispaniola wurde die DomRep & Haïti

Hispaniola ist eine zweigeteilte Insel. Einer der Gründe ist ein umweltbedingter. Hispaniolas Regen kommt vorwiegend von Osten, die Wolken bleiben im Westen der Dominikanischen Republik in den hohen Bergen hängen. Konkret bedeutet das: dort fällt Regen, alle (und es sind viele!) großen Flüsse fließen ostwärts durch die Plantagen und Gärtner der Dominikanischen Republik, deren breite Täler und Ebenen eine ungleich reichhaltigere Erdschicht vorweisen, als westlich der Berge. Das Cibano Tal im Norden gehört zu den fruchtbarsten landwirtschaftlichen Flächen der Welt. Im Kontrast dazu regnet es in Haïti ungleich weniger, landwirtschaftlich nutzbare Flächen sind kleiner, das Erdreich ist dünner und weniger ertragreich.

Den größten Aufschwung nahm die Insel im 17. Jahrhundert, als sich die Franzosen ihres westlichen Teiles bemächtigten und ihn im Frieden zu Ryswijk (1697) endgültig gegen die Spanier, denen der östliche Teil verblieb, zu behaupten wußten. Noel Deerr beschrieb die neuen Herren der Insel damals wie folgt: »Innerhalb nur weniger Jahre hat sich aus einer Meute von Piraten,

Links die Erde von Haiti – rechts die Wälder der Dominikanischen Republik

43

Seeräubern, Freibeutern und Schmugglern eine wohlhabende Gesellschaft von Pflanzern entwickelt.«

Ein Paradox: Es war Haïti, daß zuerst eine reichhaltige Landwirtschaft entwickelte. Doch den Eliten war die Ausbeutung auf Kosten der Umwelt ein größeres Anliegen, als langfristiges Denken. Sie saugten Land und Leute aus, bis nichts mehr da war, das sich für sie 'lohnte'.

Haïti war das Kronjuwel in Frankreichs kolonialer Schatztruhe. 800.000 Sklaven gaben ihr Leben auf den Plantagen ihrer 'Herren'. In Spaniens Teil der Insel ging es ruhiger zu. Zu Kolonialzeiten lebten in Haïti sieben Mal so viele Menschen wie auf dem flächenmäßig doppelt so großen Inselgebiet. Noch heute leben flächenmäßig gesehen doppelt so viele Menschen in Westen der Insel.

Wie es zu der tragischen, auf keiner anderen Karibik-Insel erfolgten Vernichtung des Waldes kam? Frankreich ließ die Bäume fällen und schaffte die Hölzer - später als 'Reparationen' - auf jenen Schiffen gen Europa, die zuvor die gekidnappten Menschen aus Afrikas transportiert hatten. Deren Nachfahren hatten nach der Revolution ein Recht auf kleinbäuerlichen Landbesitz. Während der US-amerikanischen Besetzung unter Roosevelt erkannten diese US'ler, daß so eine Regelung die Entwicklung behindere, und man schrieb den Insulanern eine neue moderne Verfassung (vor). Die besagt, daß auch Ausländer haitanisches Land besitzen dürfen. Innerhalb kurzer Zeit wurden Lumberjacks hyperaktiv, fällten die alten Mahagoni- und karibischen Pinienbäume für Türrahmen der Villen Reicher und deren Speedboote etc.

Seit mehreren Generationen kocht man nun in Haïti auf der aus den letzten Bäumen gewonnenen Holzkohle. Mitte des 19. Jh. waren schon alle Täler und Hügel entwaldet, heute ist Haïti zu 98% entforstet. Mit den Baumwurzeln zusammen ging es auch mit dem Boden bergab...

Immigranten aus Europa ließen sich schon früh lieber in der Dominikanischen Republik nieder, wo man sich mehr auf europäische Wurzeln besann und die vorherrschende Sprache nicht Creole war. Die Dominikaner blieben, wiederholt vor eine Entscheidung gestellt, freiwillig eine spanische Kolonie.

Ein weiterer Faktor: Die Mehrzahl der Haïtianer waren nach der Revolution Kleingrundbesitzer; in ihren Gärten bauten sie genügend Nahrung für ihre Familien an, während im Osten mit Unterstützung der Regierung Plantagen für Exporte nach Europa angelegt wurden, die für die DomRep bis heute ein wichtiger Wirtschaftspfeiler sind. Hier wurden auch mehr Wälder erhalten, indem man zum Heizen etc. Gas importierte und Industrien ansiedelte.

Haïti –

Geschichte und Geschichten eines 'afrikanischen' Landes

Vielen blieb verborgen, daß der Grund für die heutige Haïti-Misere keine Schwäche ist, sondern in seiner einstigen Stärke zu finden ist. Das Leben auf Haïti ist seit Jahrhunderten ein gefährliches. Diese schwarze Nation befreite sich als erste und einzige durch eine blutige Revolution aus der brutalsten Sklavenknechtschaft. Invasionen, Besetzungen, Machtputsche (bei letzter Zählung 33 in 200 Jahren) und paramilitärische Abenteurer durchziehen seine Geschichte.

In den 1770er Jahren generierten die Franzosen mehr Gewinn in Haïti als die Engländer in all ihren 13 Kolonien Nord-Amerikas. Die Revolution begann 1791. Haïti war umgeben von Sklaven-Kolonien - den karibischen, aber auch den Nord-, Zentral- und Süd-Amerikanischen. Die großen imperialen Mächte jener Zeit, Frankreich, Spanien und Britannien schickten ihre Truppen, um den Aufstand zu beenden, doch Toussaint L'Ouverture und später der ex-Sklave Jean-Jaques Dessalines und ihre Mannen schlugen sie jedesmal zurück. Gegen Ende des Jahres 1803 sah die Welt voller Erstaunen, daß es den Sklaven in Haïti gelungen war, das Kolonialsystem an seiner stärksten Stelle zu durchbrechen (mehr dazu im nächsten Kapitel). Dessalines änderte den Namen von Saint Dominique zu Haïti, einem Namen, der auf die Arawak zurückging und 'gebirgig' bedeutete.

Die *Encyclopaedia Britannica* berichtete in ihrer Ausgabe von 1911, daß zwischen den zwei Regierungen auf Santo Domingo eine 'stärkste politische Antipathie' herrsche. Obwohl ein kleiner Staat, gehöre Haïti zu den interessantesten Kommunen der Welt, sei es doch das erste und erfolgreichste Beispiel dafür, daß Schwarze sich innerhalb einer Konstitution selber regieren könnten, auch wenn sich die Herrschenden (um 1890) wie Militärdespoten aufführen würden.

Haïti sei eines der fruchtbarsten Länder der Erde, und hätte es eine vernünftige und stabile Regierung, energetische Bürger und etwas Kapital, so seien die land/wirtschaftlichen Perspektiven unendlich. Haïti exportiere Kaffee, Kakao, Edelhölzer wie z.B. Millionen von Mahagonistämmen, Baumwolle, Gummi, Honig, Tabak und Zucker. Zwischen 1750 und 1790 exportierte Haïti jährlich z.B. über 1.000.000 Pfund Indigo.

Die Bevölkerung bestehe zu 90% aus Schwarzen, die freundlich und gastfreundlich, doch auch unwissend und faul seien. Sie zeigten eine flammende Leidenschaft für 'seltsame' afrikanische Tänze.

Doch, gebeutelt durch Blockaden und Reparationsverpflichtungen, nahmen die Probleme der Nation nicht ab. Regierungen waren meist schwach, in vielen Zweigen korrupt, das Steuersystem klappte nicht, die Reichen wurden reicher, die Armen immer ärmer, und diese Situation nutzten in den 1980er Jahren Drogenbarone Südamerikas aus und machten Haïti, wie schon zuvor Mexiko und Kolumbien, zu einem für sie relativ ungefährlichen Umschlagplatz für ihre Kontrabande.

Haïti ist zu zentralisiert, alles hängt von der Regierung in Port-au-Prince ab. Menschen strömen aus den Provinzen in die Metropole. Die Provinzregierungen brauchen mehr Macht um z.B. die Steuern eintreiben und verteilen zu können, der Landbevölkerung mehr Unterstützung zu bieten, als sie von den bisherigen Systemen erhielt. Die zerstörten Slums von Port-au-Prince sind heute keine Alternative mehr.

Haïti ist, wenn man es mit seinen Nachbarn vergleicht, ein afrikanischer Außenposten geblieben. Auch wenn sein Befreiungskampf 150 Jahre vor denen in ihren urprünglichen Heimatregionen gewonnen wurde, gab es zu diesen doch einige Parallelen.

Warum wurde der Sieg über den Kolonialismus zu keiner wirklichen Befreiung der Menschen? Unabhängig wollte man werden - ohne Visionen fürs danach zu haben. Fanon hatte praktisch vorausgesagt, dass die Kämpfer einer solchen Bewegung am Ende im Kopf den Kolonialisten so stark verankert haben würden, dass sie schlussendlich den Kolonialisten überdimensional kopieren, war denn also die Befreiung eine Irreführung?

»*Warum* finden sich unter Afrikas Diktatoren so viele Klosterschüler? Warum haben siegreiche Befreiungsbewegungen die Kolonialgrenzen beibehalten? Warum kehrten sie zur Belohnung und nicht in die Wirklichkeit zurück? Warum hat in keiner Befreiungsbewegung Afrikas - nie und nirgends - eine Frau eine Rolle gespielt?« fragt Al Imfeld und findet - in seinem Heft *Afrika besser verstehen* - Antworten. Die Planungen der Aufständischen, vor 200 Jahren in Haïti, wie vor 50 Jahren in Afrika, reichten meist bis zum Sieg - doch es gab weder Plan A noch Plan B noch entsprechend gebildete und geschulte Menschen, die neue Freiheit auch freiheitlich zu verwalten, eine Zukunft zu entwickeln. Es gab bestenfalls Visionen.

»Haïti war bis Mitte des 20. Jahrhunderts ein fröhliches Land, wo für europäische Betrachter eine verführerische Sittenlosigkeit herrschte. Dann kam die Duvalier-Diktatur. Es gibt einige wenige, vielleicht ein Prozent Weiße, darunter Deutsche wie in meiner Familie. Aber es gab in Haïti keinen Rassismus, statt dessen immer schon eine Art fröhliche Vermischung.

In der Geschichte Haïtis gab es immer wieder schwarze Diktatoren wie zum Beispiel Papa Doc, die es besonders auf die Mulatten abgesehen hatten. Aber das stimmt so nicht ganz. Es ist nicht nur eine Frage der Hautfarbe, sondern auch der sozialen Stellung. Die Mulatten waren die Geschäftsleute, die Oberschicht. Sie hatten eine Tendenz, weiße Frauen zu heiraten um, wie man in Haïti offen sagt, *die Hautfarbe aufzuhellen.* Ein kreolisches Sprichwort besagt: Ein reicher Neger ist ein Mulatte und ein armer Mulatte ist ein Neger. Dieser Konflikt dauerte auch unter Papa und Baby Doc an.« *(Hans Christian Buch)*

»In Lateinamerika«, so der Präsident Panamas, »gilt Haïti nicht als lateinamerikanisches Land. Die Haïtianer sprechen eine andere Sprache. Sie haben andere ethnische Wurzeln, eine andere Kultur. Sie sind überhaupt sehr anders.« Ebenso getrennt ist Haïti von den englischsprachigen Ländern der Karibik. »Haïtianer sind für Leute aus Grenada oder Jamaica genauso fremd, wie sie es für Leute aus Iowa oder Montana wären.« 'Haïti, der Nachbar, den keiner will', ist wahrhaftig ein Land ohne Verwandte.

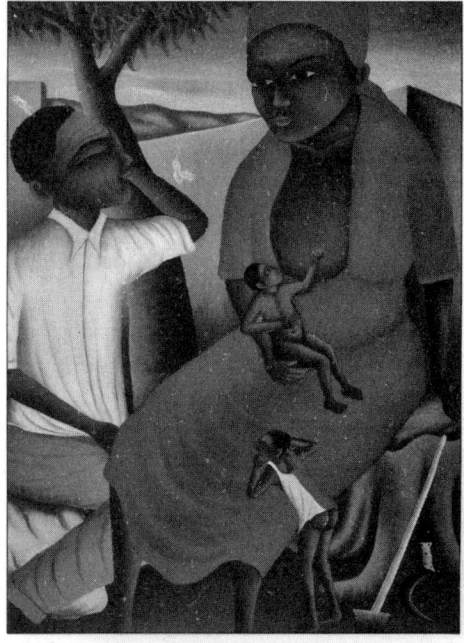

Castera Bazile:
Haïtianische Familie

Tips für Besucher

Um Haïti zu erleben, braucht man einen gesunden, flexiblen Menschenverstand und viel Humor. Lang versuchten die Autoritäten, Französisch als Landessprache zu etablieren, doch heute sprechen es nur 10% der Bevölkerung; das Volk spricht Creole, die oberen X-Tausend Französisch.

Das beste Lehrbuch für **Creole** ist Ann Pale *Kréyol*, publ. vom Creole Institute der Universität von Indiana (www.indiana.edu). Ned ergänzt:
»(http://www.umb.edu/academics/cla/dept/africana/faculty/prou.html) of the

Univ Massachusetts Boston, Creole Institute. Folks come from all over the USA and Europe to attend. Aid workers, missionaries, graduate students, Haïtian-American undergrads. The program is team taught by 7-8 high quality teachers.

Bing Translator recently added **Kreyol** to the languages it handles: http://www.microsofttranslator.com/default.aspx?ref=TThis

Just choose „Haïtian Creole" from the pull-down menu; you can translate both from and to. It's in beta. As with all automatic translators, the simpler the sentence you want translated, the better chance you have of it making sense.«

Ein Creole-Einstieg:

Danke - *Mèsi anpil*
Wie geht's? - *Ki Jan ou ye?*
Nicht schlecht -*M pal pi mal*
Ganz gut - *Mwen byen*
Nicht schlecht - *Pa pi mal*
Guten Tag (vormittags) - *Bonjou*
Guten Abend (nachmittags) - *Bonswa*
So Gott will - *si dye vle*
Ich seh Dich später, so Gott will - *N a we pi ta, si dye vle*
Was ist Dein Name? - *Ki jan ou rele?*
Mein Name ist - *M rele ...*
Ich verstehe nicht - *M pa konpran*
Weißer (im Sinne von Fremder) - *blan! blan!*

Ich - *m/mwen*
Du - *ou*
Er/Sie - *li*
Ihr/Wir - *nou*
Sie - *yo*
Ja - *wi*
Nein - *non*
Wo ist...? - *Kote ...?*
- die Toilette - *twalèt yo*
Stop - *rete*
Wie viel? - *Konbyen?*
Ich weiß nicht wo ich hier bin; wo ist ... - *M pèdi; kote ....ye?*
Ich habe Krämpfe, Durchfall, Fieber, Kopfschmerzen - *M gen lafièv gen kramp / diare / fyèv / tèt fè nal*
Wasser - *dlo*
Flaschenwasser - *dlo culligan*
Bier - *kiè*

Überlieferte Worte der Taíno
uricane - Orkan
yame - Yamswurzel
anana(s) - Ananas
maiz - Mais

Die Website der Botschaft Haïtis
Anfang Februar 2010 zeigt sie als 1. an:
Reise-Informationen Reisezeit 2008 / 2009 - Empfehlungen von Konsulate.de
Unser Partner Expedia informiert Sie umfassend über aktuelle Reiseangebote
weltweit: Reiseziel Haïti
Port au Price, Haïti (Alle Reiseziele)
Günstige Flüge nach Haïti
Günstige Hotels in Haïti
Botschaft Haïti, Uhlandstraße 14, 10623 Berlin
Telefon 030 88 55 41 34
Konsularabteilung 030 88 62 76 93
Fax 030- 88 55 41 35

Die Revolution 1804 und einige ihrer Folgen

»Dass der Sklavenaufstand unter Toussaint L'Overture eine Begleiterscheinung des Zeitalters der Aufklärung ist, hat zuerst der karibische Marxist C. L. R. James in seinem Buch *The Black Jacobins* (1938) diskutiert. James argumentierte mit Nachdruck, die haïtianische Revolution als Teil der Weltgeschichte anzuerkennen. Es gibt zahllose Bücher über die Französische Revolution, die mit keiner Silbe erwähnen, dass die Geschehnisse in Haïti ihre radikalste Errungenschaft sind: die vollständige Abschaffung der Sklaverei. Toussaint L'Overture kannte die Hauptwerke der Aufklärung. Die von ihm angeführte Erhebung war kein blindwütiger Aufstand, sondern eine zielgerichtete Aktion, die auf den Grundannahmen der Aufklärung beruht.« *(Ned Sublette)*

Ende des 18. Jh. tauschten Engländer in Haïti rebellische Sklaven aus Jamaika gegen Zucker und Kaffee ein. Am 22. August 1791 hatten einige von ihnen im Nordteil der Insel die Nase voll und wehrten sich. Tags drauf rebellierten schon 1.000, zum Monatsende 15.000, im Spätherbst bis zu 80.000. Sie vernichteten nicht nur die Zuckerplantagen, sondern jede materielle Manifestation ihrer Unterdrückung. Eine der Auswirkungen dieser Aktionen: im Juni 1795 wurde in Lousianna jeglicher Import weiterer Sklaven aus Afrika bzw der Karibik untersagt. Selbige durften nur noch aus Beständen der nordamerikanischen Staaten erworben werden. Aus diesem Grunde wurde der Mississippi für den Handel nach New Orleans freigegeben.

Durch eine Mischung der Reste unterschiedlichster traditioneller afrikanischer Kulturen entwickelte sich durch Musik, Tanz und Ekstasetechniken eine Kultur der menschlichen Erfahrung und Freude, die den Weißen verwehrt war, und die vor allem in den USA noch heute bei vielen Weißen (aus schlechtem Gewissen?) Paranoia hervorbringt.

Die Menschen in Haïti sangen ihr 'afrikanisches Lied', die eben schon erwähnten Hymne der haïtianischen Revolution:

Eh! Eh! Bomba, hen! Hen!
Canga bafio té
Canga moune dé lé
Canga do ki la
Canga li

Ned Sublette liefert eine lange, genaue Übersetzung der Begriffe und eine eigene Übertragung ins Englische:

Eh! Eh! Power of the dead, hen! Hen!
Tie up the abusers!
Tie up the whites!
Tie up the acvtion spirit!
Tie them up!

1804 kam es zur Haïtianischen Revolution, dem ersten wirklich erfolgreichen revolutionären Sklavenaufstand der Welt. Die Auswirkungen dieser Revolution rollten wie ein geistiger Tsunami über die karibische Inselwelt. Nur der Rest der Welt wollte diese Revolution nicht wahrhaben und unterdrückte dieses Ereignis dauerhaft in ihrer Wahrnehmung und Erinnerung. Noch heute findet man in Büchern über die Revolutionen dieser Welt selten Hinweise auf Haïti. Die Sicht der ›revolutionären Welt‹ ist eine westliche. Die Revolution von Santo Domingo 1790-1804 war in ihren Auswirkungen auf die Sklaverei wichtiger und erfolgreicher als die amerikanische Revolution 1776-1783 oder die Unabhängigkeitskriege Spanisch-Amerikas 1810-1830. Für die meisten Westler handelte es sich jedoch nur um einen schnöden ›Sklavenaufstand‹.

Am 1. 1. 1804 verschwand Santo-Domingo von der politischen Landkarte, um durch Haïti und die Dominikanische Republik ersetzt zu werden. Raymond Joseph, Botschafter Haïtis in den USA, klärt seine Gastgeber auf: »Erst nach dem erfolgreichen Aufstand der Menschen in Haïti gegen die Franzosen, waren die USA in der Lage, Lousianna von diesen Franzosen für einen Spottpreis von $15 Millionen zu kaufen, das macht ganze 3 Cent pro Acre. Durch den Aufstand kam es in der Folge zur Befreiung Latain-Amerikas und schließlich der Sklaven in den USA.« Als z.B. Simón Bolívar nach seinem ersten gescheiterten Aufstand gegen die Spanier fliehen mußte, floh er nach Haïti. Von dort bekam er unter einer Bedingung Unterstützung für einen weiteren (erfolgreichen) Versuch: Er müsse dafür sorgen, daß die Sklaverei auch in Latein-Amerika abgeschafft würde. Das hat Venezuela, das hat auch Hugo Chavez nicht vergessen.

Haïti war und blieb ein zentraler Punkt für viele politische Aktivitäten und Entwicklungen jener Zeit für die beiden Amerikas. In den USA hielt man noch Jahrzehnte am Sklaverei-System fest - doch die Angst vor einem 'weiteren

Santo Domingo' hielt sich bis heute. Die erfundenen Horrorgeschichten der Weißen finden in vielen aktuellen Medienberichten aus Haïti ein Nachbeben. Die gedemütigten Kolonialherren schlugen unbarmherzig zurück. Der französische Außenminister sprach von einem 'fürchterlichen Spektakel für alle weißen Nationen'.

Ein Drittel der Bevölkerung Haïtis war gefallen, Ortschaften und Plantagen lagen in darnieder, eine Blockade der Insel zwang die Revolutionäre nach 20 Jahren Unabhängigkeit dazu, Knebelverträge der alten Herren zu akzeptieren, und sie für verloren gegangene Besitztümer, inklusive Sklaven, zu kompensieren. Haïtis Wirtschaft mußte sich notgedrungen bei französischen, ja auch bei deutschen Banken Gelder mit exorbitanten Zinsforderungen leihen. Gegen Ende des 19. Jh. betrugen diese Reparationen rund 80% des Haushaltes von Haïti. Die Banken erhielten ihre letzte Zahlung im Jahr 1947.

MultiKulti

»Ich erzähle Ihnen dazu mal eine Geschichte: Im Jahre 1803 kam auf Befehl Napoleons ein zur französischen Armee gehörendes Bataillon polnischer Soldaten nach Haïti, als Teil der von Leclerc befehligten Armada. Als diese Männer, deren Land ebenfalls unter der Unterdrückung durch eine äußere Macht litt, begriffen hatten, was man von ihnen erwartete, weigerten sie sich, weiterhin gegen die aufständischen Schwarzen vorzugehen. Statt dessen haben sie sich auf die Seite der Rebellen gestellt und sind am 14. Januar 1804, als die Unabhängigkeit ausgerufen wurde, haïtianische Bürger geworden. So ist zu erklären, dass es heute noch Haïtianer mit polnischen Familiennamen gibt und dass ganze ›polnische Dörfer‹ auf der Insel existieren. Dieser Punkt muss unbedingt herausgehoben werden: Zu keinem Zeitpunkt ist Haïti auf rassischem Partikularismus gegründet worden. Wer auch immer das haïtianische Ideal von der Freiheit aller Menschen vertrat, der war in Haïti willkommen, seine Hautfarbe oder geographische Herkunft spielten dabei keinerlei Rolle. Alle aus der ›Globalisierung der Sklaverei‹ hervorgegangenen ›Boat people‹ konnten deshalb nur auf Haïti Zuflucht finden! Deshalb ist es ja auch zu den ganzen wirtschaftlichen, politischen und kulturellen Sanktionen gekommen. Gleichzeitig ist dies aber der Grund, warum Haïti eine so starke kulturelle Eigenständigkeit hat.« *(Daniel Maximin)*

Unter Frankreich:

Von der 'Perle der Antillen' zum Reparationsopfer

Allenthalben lernen wir aus allen Medienkanälen, daß Haïti ein Armenhaus sei, ja, DAS Armenhaus der Amerikas. Die sollen erstmal ihre 1 Milliarde US-Dollar Schulden zurückzahlen. Dabei müßte die vordringliche Frage sein: wie konnten sie so heftige Schulden anhäufen? Nun, ihnen wurde dabei 200 Jahre lang tatkräftig geholfen.

Der ehemalige Juwel des Kolonialismus strahlte jedoch nur so hell, weil die Sklaventreiber brutaler als anderswo waren. Jährlich wurden 50.000 Afrikaner importiert um die Gewinne oben halten zu können. Nach der Revolution trauerten die vertriebenen Kolonialherren ihren 800 Zucker- und 3.000 Kaffeeplantagen nach. Die Ex-Kolonialherren forderten eine militärische Rückeroberung ihres ehemaligen Besitzes, Frankreich entschied sich für eine Blockade der Inseln. Die Zusage zu den schon erwähnten Reparationszahlungen erzwang man durch die drohende Anwesenheit von einem Dutzend Kriegsschiffen mit 150 Kanonen. Es gab keine Verhandlungen, es handelte sich um ein Diktat. Ein Zahlenvergleich: 1803 verkaufte Frankreich Lousianna, ein Gebiet, das 74 x der Größe Haïtis entsprach, für 60 Millionen Francs an die USA; doch vom 'freien' Haïti forderte man 20 Jahre später 150 Millionen Franc. Das Schicksal Haïtis sollte abschreckend wirken auf die verbleibenden französischen Karibik-Besitzungen, auf Guadeloupe und Martinique, wo Revolten gegen die Großgrundbesitzer niedergeschlagen wurden.

Haïti trat schon 1880 der Internationalen Postunion bei. Im Juli 1900 nahm ein haïtischer Delegierter am Pan-Afrikanischen Kongreß in London teil. »Der *Hohe Commerz* ist (um 1890) fast gänzlich in Händen der Fremden, wie Franzosen, Deutschen, Engländern, Amerikanern. [...] Nordamerika besitzt die ausgedehntesten commerzialen Beziehungen mit der Schwarzen Republik. Vor kurzem noch folgte dem Range nach Frankreich und England. Nach den letzten Berichten jedoch steht es zweifelsohne fest, daß Deutschland die zweite Stelle im Handel mit Haïti jetzt einnimmt.« (Tippenhauer) Deutschland exportierte gegen Ende des 19. Jh. vor allem Eisenwaren, Hüte, Spielwaren, Bier und Wein u.s.w. nach Haïti.

Die Nachkommen der ehemaligen Sklaven zahlten im Nachhinein bitter für ihre Unabhängigkeit – sie kostete sie ihre Zukunft, bis heute. Noam Chomsky: »Den Opfern wurde die Schuld für gegen sie verübte Untaten in die Schuhe geschoben!« Gezahlt wurde u.a. in Holz – diese damaligen Reparationen sind ein Hauptgrund für den dramatischen Waldverlust Haïtis. Die Entwaldung marschiert bis in die heutige Zeit voran: War um 1950 noch rund ein Viertel Haïtis bewaldet, so bedecken Bäume heute weniger als 2% des Landes. Heute fegen die Orkane gefährlicher durchs ungeschützte Land denn je zuvor: Die Berge können das Regenwasser nicht mehr halten, dieses spült die Hänge aus und verursacht Erdrutsche, in der Sprache der Bewohner ›Lavalas‹. Sowohl im Mai wie auch September 2004 kamen jeweils 3.000 Menschen dabei um. ›Lavalas‹ nennt sich auch die Bewegung, die einst von Aristide gegen soziale Ungerechtigkeit gegründet wurde ...

»Die Welt kehrte der unverschämten schwarzen Revolte den Rücken, und Haïti wurde, durch das Fehlen einer wirksamen Regierung, zum Opfer zahlloser internationaler Intrigen.[...] Zu Anfang des 20. Jh. griff der ›große Bruder‹ aus dem Norden ein und übernahm die Verwaltung der Insel. Das Volk von Haïti leistete Widerstand und zwang die USA, die Insel in den 30er Jahren wieder zu räumen. Als Entschädigung für die Verwaltungsdienste, die sie für die undankbaren Haïtianer geleistet hatten, nahmen die Vereinigten Staaten die gesamten Goldreserven der Insel mit.« *(Orloff)*

»Unsere Beziehungen zu Haïti sind delikat, emotionsgeladen und überspannt, weil sie unseren Bezug zu Frankreich und zu uns selbst herausfordern. Zu unserer kolonialen, monarchischen und imperialen Vergangenheit. Zu unseren reichen und schönen Küstenstädten (Nantes, La Rochelle, Bordeaux), zu Ebenholz- und Dreieckshandel, die Reichtum und Schönheit begründeten«, schreibt der Intellektuelle Régis Debray in seinem 2004 erschienenen Buch *Frankreich und Haïti*. Der aus Guadeloupe stammende Historiker Claude Ribbe, der unter anderem das Buch *Die Verbrechen Napoleons* verfasst hat, geht noch weiter: »Haïti ist seit 1804 unabhängig, aber wenn man genau hinschaut, kamen die Haïtianer nie aus der Bevormundung heraus.« Die Reparationen waren 1947 bezahlt, aber Haïtis Wirtschaft hatte nie eine Chance der Stabilisierung

Bis zum Beben war kein französisches Staatsoberhaupt nach Haïti gefahren. Die erste eigenhändige Befreiung einer Kolonie durch Sklaven ist in Frankreich ebenso ein Tabu wie die deutsche koloniale Vergangenheit etwa in Togo, Nauru oder Namibia für uns. Sarkozy hat sich für eine internationale Konferenz zum Neuaufbau Haïtis ausgesprochen. Das klingt gut, macht aber nur Sinn, wenn Haïti alle Schulden erlassen und Frankreich ihm darüber hinaus die $22 Milliarden Reparationen - und sei es nur ein Teil davon - zurückzahlen würden.

Nach Redaktionsschluß: Am Aschermittwoch (17.2.) tauchte Sarkozy für weniger als vier Stunden über Haïti (im Hubschrauber) und in Port-au-Prince auf. Er begrüßte die Angehörigen der französischen Botschaft, versprach eine Hilfe von $450 Millionen (inkl. $77 Milionen 'Schuldenerlaß'), parlierte mit Préval, gab ein klares „*Non! Non, non*" von sich, als er von Al Jazeera ob französischer Reparationen an Haïti befragt wurde - und ward wieder verschwunden...

Der Markomannia-Zwischenfall – zum Deutsch-haitianischen Verhältnis

Frankreich und die USA waren nicht die einzige imperialen Mächte, die in den karibischen Gewässern auf Beutezug war. In den Jahren bevor die USA Haïti 1915 militärisch besetzten, waren auch Kriegsschiffe aus Spanien, Frankreich, Deutschland, ja selbst Schweden und Norwegen mehr als zwanzig Mal in den haïtianischen Seeraum eingedrungen.

Die ärmeren Regionen der Welt waren schon unter den klassischen Kolonialmächten aufgeteilt, bevor Deutschland zuschlagen konnte; es war nicht viel übrig gebliebe. Also bemühte sich der Kaiser und seine Mannen auch um Haïti. Der Handel blühte schon um Mitte des 19. Jh. auf, doch zwei deutsche Geschäftsleute fühlten sich durch um 1870 durch verschiedene Regierungswechsel um $15.000 betrogen. Sie baten in Berlin um Unterstützung und schon kreuzten zwei deutsche Kriegsschiffe, die *Vineta* und *Gazella* vor Port-au-Prince auf, brachten haïtianische Schiffe unter ihre Kontrolle und zwangen die haïtianische Regierung um Wiedergutmachung. Am 11. Juni 1872 bekam Haïti seine Schiffe zurück - die haïtianische Nationalfahne mit deutscher Scheiße beschmiert.

In den Jahren darauf verstärkte Deutschland seine Bemühungen, wirtschaftlich und militärisch in der Karibik Fuß zu fassen, geplant war eine Stützpunkt auf der Insel, aber die USA planten den Bau des Panama Kanals und eine Erweiterung ihres Einflusses in Süd-Amerika und unterbanden so weitere

Kolonialgelüste anderer Nationen in der Region. Für einige Jahre, nach seiner Zeit als 1. deutscher Gouverneur vom späteren Namibia (dazu mehr in Toubab Pippa: *Von der Bosheit im Herzen der Menschen*), war Heinrich Göring deutscher Konsul von Haïti. Zur Geburt von Hermann kehrte seine Frau 1893 kurzfristig nach Deutschland zurück, wo die Familie Hermann die ersten drei Jahre seines Lebens in Pflege ließ, bevor die Familie 1896 nach der Rückkehr eines gebrochenen und depressiven Vaters vereint wurde.

Kaufmann Lüderitz wurde am 21. September 1897 in Port-au-Prince festgenommen, prügelte sich mit den Polizisten, und wurde zu einem Monat Knast plus Geldstrafe verurteilt. Auf Drängen der US entließ man ihn, doch nun verlangte Deutschland eine Entschädigung von $20.000 und lehnte jedes Internationale Schiedsgericht ab. Kaiser Wilhelm regte sich über die 'unverschämte Negerblase' auf und tönte kompromißlos-preußisch: »Ich nehme überhaupt kein Schiedsgericht an, wo ich mir mit meinen Kanonen Recht besorgen kann.« Deutschland schickte zwei Schiffe nach Haïti, die wohl auch gewillt waren ihre Kanonen sprechen zu lassen, aber dann kreuzten zwei US-Schiffe in der Schußlinie auf; die USA befürchteten, daß Deutschland den Vorfall als Einladung zur Besetzung Haïtis interpretieren könne. Dazu kam es nicht, doch die haïtianische Bevölkerung nannte den deutschen Konsul in der Folge *consuls canons*.

Schon vor 100 Jahren kämpfte die deutsche Flotte gegen Piraten, nicht vor Somalia, sondern vor Haïti. Das war kein Zufall, denn Deutschland war schon damals Exportweltmeister und besaß die zweitgrößte Handelsflotte der Welt. Die *Markomannia* war ein Hamburger Dampfer der HAPAG, die ihn im Liniendienst zwischen Westindien und Hamburg einsetzte. Am 2. September 1902 wurde der Dampfer in der Höhe der haïtianischen Hafenstadt Cap Haïtien von der *Crète Á Pierrot*, einem Kanonenboot haïtischer Rebellen gestoppt und auf Konterbande untersucht. Die *Crète* unterstand dem haïtianischen Admiral schottischer Abstammung Hammerton Killick. Die Rebellen wußten, dass die *Markomannia* Waffen und die Munition für die Regierung transportierte. Der Dampfer wurde von einem Enterkommando durchsucht, und dieses beschlagnahmte die Waffen und Munition. Die *Markomannia* konnte danach ihre Reise fortsetzen. Außer der Reiseunterbrechung war der HAPAG kein materieller Schaden entstanden, doch die Seeleute waren erschüttert. Francsen, der deutsche Ministerresident vor Ort, forderte umgehend ein deutsches Kriegsschiff an. Die Reichsregierung gab dieser Forderung nach.

Am 5. September 1902 erhielt der Kommandant des deutschen Kanonenboots *SMS Panther* in Port-au-Prince von Francsen persönlich den Befehl zum Aufbringen der *Crète Á Pierrot*. In den Worten der *New York Times* vom 7. Sept.1902: »*It will be nessecary for the German Navy, when the cruiser Panther arrives in Haïti, to make short work* [!] *of the Haïtians.*« Bereits am nächsten Tag wurde diese im Hafen von Gonaives entdeckt.

GERMANY MAY PUNISH THE HAITIAN REBELS

Seizure of Munitions on Markomannia Is Resented.

Sentiment in Berlin Political Circles Said to Favor Annexation of Haiti by United States—Washington Attitude.

Special Cable to THE NEW YORK TIMES.
BERLIN, Sept. 6.—The Koelnische Zeitung, in an inspired article commenting on the Hiatian troubles, says that the seizure of the munitions on the vessel Markomannia was piracy, and it will be necessary for the German Navy, when the cruiser Panther arrives at Haiti, to make short work of the Haitians.

This will be necessary, says the paper, since the former lesson, taught to these pirates by the cruisers Charlotte and Stein, proved insufficient.

New-York-Times, 07. September 1902

Admiral Killick war die Anwesenheit deutscher Kriegsschiffe aufgrund gekappter Telegrafenleitungen nicht bekannt, und daher war er auf kein Gefecht vorbereitet. Der Abzug der 150köpfigen Besatzung der *Crète Á Pierrot* wurde gewährt, da sich man nicht in der Lage sah, diese zu entwaffnen, geschweige unterzubringen. Killick ging scheinbar auf die deutschen Forderungen ein und strich die Flagge. Als jedoch ein Prisenkommando zur *Crète Á Pierrot* übersetzte, erfolgten an Bord mehrere Explosionen. Der Admiral hatte sich in eine haïtianische Flagge gehüllt, feuerte auf die Munition an Bord und ging mit dem Schiff, samt den vorher von den Deutschen beschlagnahmten Waffen etc. in die Luft, bzw unter. Ein britischer Kommentar: »The German sailors did not even dream of an act so heroic«. Seine Leiche wurde später geborgen.

Aufgrund der Erregung in der haïtianischen Bevölkerung lief die *SMS Panther* vorerst keine nordhaïtianischen Häfen an. Zu Ausschreitungen gegenüber deutschen Residenten kam es offenbar nicht, zumal Haïti prinzipiell als sehr deutschfreundlich galt. In der Kriegsmarine wurde der Tag der Versenkung der *Crete* als traditionswürdiges Ereignis aufgenommen.

Die erwähnte *New York Times* berichtete damals aus Deutschland - siehe nebenstehende Meldung. Viele Kommentatoren in den USA unterstellten der Deutschen Flotte Okkupatiosabsichten, die der 1. Weltkrieg unterband.

Nach der US-Invasion vom 28. Juli 1915 - also noch bevor die USA in WW I eintraten - , ließ der deutsche Einfluß auf Haïti nach. Danach hatte die deutsche Politik nichts mehr zu oder über Haïti zu sagen.

Vor dem Beben gab es eine Deutsche Botschaft in Port-au-Prince, doch wichtige Vorgänge wurden in die Botschaft nach Santo Domingo, in die Dominikanische Republik abgegeben.

Die USA & der erzwungene 'freie Handel'

[Bitte: vermehrt wehren sich Süd-Amerikaner gegen den vereinahmenden Namen 'Amerika' durch die USA. Aus Respekt sollte man das im Sprachgebrauch berücksichtigen]

»Haïti war Opfer einer Blockadepolitik, die weit schlimmer wiegt als das US-Embargo gegen Kuba. Aber es steht außer Frage, dass das Embargo den freien Warenverkehr in der gesamten Region beeinträchtigt hat. Die USA hatten nie gesteigertes Interesse an Haïti als souveränem Staat. Auf Verlangen von Thomas Jefferson, der einmal von den Haïtianern als den *Kannibalen* sprach, wurde Haïti schon seit 1804, dem Moment seiner Staatsgründung, von den USA boykottiert. Die Anerkennung erfolgte erst 58 Jahre später unter Präsident Abraham Lincoln, der Haïti als Schlupfloch betrachtete, wohin man Afroamerikaner abschieben könnte. Die Sklaven haben sich gegen ihre Halter erhoben und diese getötet, um das Unrechtssystem der Sklaverei insgesamt zu beseitigen. Vier der fünf ersten US-Präsidenten waren Sklavenhalter, und sie haben die Abschaffung der Sklaverei in Haïti als ernsthafte Bedrohung ihres Lebensstils angesehen.« (Ned Sublette)

Doch die Lage verbesserte sich nur für einige. Der deutsche Fregattenkapitän Hopmann erkannte 1909: »Die jetzigen Zustände des Landes sind lediglich auf die paar Hundert in den Städten sitzenden sogenannten gebildeten Haïtianer zurückzuführen, die in Zylinder und Gehrock umherstolzieren und die etwa 1,5 Millionen zählende Landbevölkerung in der rücksichtslosesten Weise ausbeuten.«

Am 28. Juli 1915, unmittelbar nachdem eine Menschenmenge Präsident Jean Vilbrun Guillaume Sam gelyncht hatte, wurde Haïti durch die USA besetzt. Offizielles Ziel der Intervention war es, die öffentliche Ordnung in dem von inneren Konflikten zerrissenen Land wieder herzustellen.

Nach Ansicht von Historikern richtete sie sich aber auch gegen den deutschen Einfluss in Haïti. Deutsche Einwanderer dominierten damals die Wirtschaft des Landes, und in Washington fürchtete man, dass das Deutsche Reich Flottenstützpunkte in der Karibik-Republik einrichten könnte. 1918, kurz vor Ende des Ersten Weltkriegs, wurde Haïti gezwungen, Deutschland den Krieg zu erklären, womit der Weg zur Enteignung der Deutschen vor Ort frei war.

Als die USA unter Woodrow Wilson Haïti besetzten, um dort u.a. überfällige Zahlungen an die Citibank einzutreiben, stand der Einsatz unter dem Befehl von Smedley D. Butler, Generalmajor beim United States Marine Corps, der Jahre später prahlte: »Ich habe 1914 mitgeholfen, Mexiko und insbesondere Tampico für amerikanische Ölinteressen abzusichern. Ich habe mitgeholfen, Haïti und Kuba zu einem angenehmen Ort zu machen, damit die Jungs von der National City Bank Gebühren kassieren können. Ich half mit beim Rauben von einem halben Dutzend Republiken in Mittelamerika zugunsten der Wall Street. Die Liste der Ganoveneinsätze ist lang.«

Butler verglich sich selbst mit Al Capone - der jedoch im Vergleich zu ihm wie ein Amateur agiere. Dieser Mann war von den Menschen in Haïti völlig verblüfft: »Stellen Sie sich vor, Neger die Französisch sprechen können!« Unter dem US-Einfluß wurde das Land in Reich und Arm gespalten. Lange bevor Franco Guernica bombardierte, perfektionierten die USA ihre Tiefflieger-Techniken und Bombenabwürfe auf unbewaffnete Bürger der Insel, die mehrheitlich noch nie ein Flugzeug gesehen hatten. Als Partner der USA ließ der Mulatten-Präsident Elie Lescot während des 2. Weltkrieges Menschen von über 100.000 Hektar Land vertreiben, ihre Häuser vernichten und mehr als 1 Millionen Obstbäume und alle Heiligen Bäume fällen, um Platz für US-geleitete Gummiplantagen zu schaffen. Im Nachhinein ein großer Fehler - einer von vielen.

In den 1970er Jahren importierte Haïti etwa 10% seiner Lebensmittel, Ende der 90er Jahre waren es schon 42%. Konkret: Haïti ist in der Karibik zum größten Importeur subventionierter Lebensmittel aus den USA aufgestiegen. Die Armutswelle unter den ehemaligen Bauern führte zur Landflucht und Massenauswanderung. Vor dem Beben machten Zahlungen von Exil-Haïtianern 35% des Haïtianischen Etats aus.

Nun gab Clinton erfreut bekannt, daß George Soros $50 Millionen für 25.000 Arbeitsplätze in haïtinaischen Sweatshops investieren will, vor allem dann, wenn die Regierung erneut den Mindestlohn senken würde. Clintons Versprechen: »Das politische Risiko in Haïti ist geringer als je zu meinen Lebzeiten.«, und ließ sich anschließend zu einer Operation ins Krankenhaus einliefern. Auch Obamas Leute haben jetzt erstmal der Elite des Landes geholfen, ganz in der Tradition ihrer Vorgänger. Noch 'schuldet' Haïti u.a. der Inter-American Development Bank Unsummen.

Die Ankunft von bis zu 20.000 dick gepanzerten GIs in der Hitze Haïtis hat auch eher ein Lächeln auf die Lippen der Reichen gebracht, als bei jenen, die wieder um die Unabhängigkeit ihres Landes fürchten müssen.

AP meldete zwei Wochen nach dem Beben, daß von den finanziellen US-Erdbebenhilfen, der Regierung in Port-au-Prince pro Dollar bestenfalls 1 Cent zukommen wird, für den Rest bezahlen sie die eigenen Hilfsbemühungen, auch, weil die Haïtianer ja nicht mit so Geldern umgehen können. Wie sagte schon John Milton: »Jene, die den Menschen das Augenlicht nahmen, werfen ihnen anschließend Blindheit vor.«

Nach dem Beben flog jeden Tag eine Cargo-Maschine der US Air Force für fünf Stunden über Haïti, welche mit einem Radiosender ausgestattet ist, Nachrichten sendet und über das zerstörte Land die für sie wichtige Botschaft verkündet: *Versucht nicht in die Vereinigten Staaten zu kommen!* Die Stimme die man hört, ist die von Raymond Joseph,  dem Botschafter Haïtis in Washington. Er ruft seinen Landsleuten auf Creole zu: »Hört zu, stürmt nicht die Boote und verlasst das Land« laut einer Abschrift welche das Pentagon veröffentlicht hat. »Wenn ihr das versucht, werden wir noch grössere Probleme haben. Weil, wenn wir ehrlich mit euch sind: Wenn ihr meint die USA erreichen zu können und euch dort alle Türen weit offen ständen, dann ist das nicht der Fall. Sie werden euch direkt auf dem Wasser abfangen und euch dorthin zurück schicken, wo ihr hergekommen seid.«

Das US-Aussenministerium hat auch nach wenigen Tagen den Schwerverletzten aus Port-au-Prince die Einreisevisa verweigert, damit sie in Miami operiert und versorgt werden können, sagte Dr. William O'Neill, der Dekan der

School of Medicine an der Universität von Miami, die ein Lazarett in der Nähe des Flughafens eingerichtet hat. »Es ist mehr als Wahnsinn.« sagte Dr. O'Neill, als er letztes Wochenende (ca. 10 Tage nach dem Beben) aus Haïti zurück nach Miami kam. »Es ist der schlimmste Fall von Bürokratie.«

Trans-Afrika-Gründer Randall Robinson kennt sich wie kaum ein Zweiter über das Verhältnis der USA zu Haïti aus, lassen wir ihn diese Geschichte nochmal zusammenfassen: »Im Geiste des *konbit*, dem Creole-Ausdruck für 'Kollaboration und Kooperation', vollbringen die Menschen auf Haïti was sie können. Sie sind ein unverwüstliches, emsiges und mutiges Volk. Was sie auch an geringen Mitteln zur Verfügung haben, setzen sie ein zum Wohle ihrer Mitmenschen.

Präsident Bush war 2004 für die Zerstörung der Demokratie in Haïti verantwortlich, als er und die US-Amerikanischen Streitkräfte Präsident Astride und seine Frau nach Afrika auswiesen. Präsident Clinton förderte vor allem ein Programm der wirschaftlichen Entwicklung in Form von Sweatshops. Der durchschnittliche Stundenlohn in Haïti betrug 2009 ganze 38 Cents, das reicht oft nicht für die Fahrt zum Arbeitsplatz und ausreichender Ernährung, doch diese Situation wurde von Clinton unterstützt. Ich finde es traurig, daß ausgerechnet diese beiden als Helfer Haïtis auserkoren wurden; diese Entscheidung sendet die falschen Signale. Doch in den Wochen nach dem Beben gibt es für uns wichtigeres: Leben retten.

Ich hoffe die US-amerikanischen Medien werden Haïti nicht weiter als Armenhaus bezeichnen ohne zu fragen, wie es zu dieser Situation kam. Was unterscheidet Haïti vom Rest der Karibik? Warum sind andere Länder, wie z.B. Saint Kitts, wo ich lebe, relativ erfolgreich, und Haïtis Wirtschaft lag schon vor dem Beben in Scherben? Wer hatte da seine Hand im Spiel? Haïti litt unter diversen Diktaturen - aber wer stattete die Diktatoren mit Waffen aus? Natürlich ist Haïti nicht ganz unschuldig an der Entwicklung, doch die Hauptverantwortung liegt anderswo. Man sollte es den wunderbaren, mutigen Menschen in Haïti sagen. Doch so eine Erklärung kam bislang nicht bei uns an. Jetzt scheint mir dafür doch eine gute Gelegenheit zu sein. [...]

Es war Woodrow Wilson, der Haïti 1915 bis 1934 besetzen ließ. Man beschlagnahmte das Land, verteilte es an US-amerikanische Unternehmen, übernahm die politische Kontrolle im Land, kassierte die anfallenden Zollgebühren und benahm sich, als sei Haïti ein Teil der USA - wie im Jahrhundert zuvor die Franzosen.«

Gerard Valcin: Coumbite

Am Tropf der Multis: Nahrungsmittel-Abhängigkeiten

Einer der Gründe für die vielen Toten nach dem Beben ist die seit Jahren verheerende Nahrungsmittelknappheit in Haïti. Globalisierungsopfer. In 200 Jahren von der Zucker- und Kaffeekammer der Welt zum hungerndem Almosenempfänger. Noch vor 30 Jahren aß man hier den eigenen Reis, doch das neoliberale Douvalier-System schaffte Einfuhrzölle weitgehend ab, und seitdem ist der Reis aus Texas und Arkansas billiger, als der selbstangebaute. Die 'Hilfe' aus dem Ausland hat Haïtis Selbstversorgung zerstört. Statt der erhofften Hilfe zur Selbsthilfe führte die Hilfe in neue Abhängigkeiten. Ausländische Finanzhilfen machten 2009 fast das halbe Budget Haïtis aus. Doch gingen diese Gelder weniger in Aufforstung, Bildung oder eine Verbesserung der Infrastruktur - man finanzierte die Sicherheit im Lande. Wessen Sicherheit?

Es gibt Ausnahmen von der Regel, wie die Gemeinschaft *Papaye*, im Central Valley. Auch wenn es hier oft aussichtslos erscheint, einen bezahlten Job zu finden oder die Kinder in eine Schule zu schicken, so wird hier wieder aufgeforstet, die Menschen bauen ihre eigene Nahrung an, entwickeln wieder ein Gefühl der Gemeinschaft. Sie sollten den andern ein Vorbild sein.

Als 2008 die Globale Nahrungsmittelkrise zuschlug, mußten 55% der haïtianischen Haushalte mit einem Tagesetat von 44 US-Cent überleben.

Papa & Baby Doc Duvalier

1957, während der Eisphase des Kalten Krieges, erlangte Papa Doc durch gefälschte Wahlen die Macht, vier Jahre später bekam er 1.320.748 Stimmen, und die Oposition nicht eine. In den Mitt-60ern waren geschätzte 80% der besser Gebildeten des Landes aus selbigem geflohen - um nie mehr zurückzukehren. Laut Peter Hallward, war selbst »die CIA von den Ergebnissen beeindruckt, daß um 1970 fast alle Haïtianer so unterdrückt und abgeschlafft waren, daß sie jegliches Interesse an Politik verloren«.

Papa Doc bewunderte sowohl Stalin wie Hitler. Aber auch de Gaulle, Mao Tse Tung, Mohammed und Jesus Christus gab er als Vorbilder an. »Eine Voodoo-Diktatur finsterster Art. Ich hatte damals linke Illusionen, darunter die, man könne so etwas mit einer Revolution à la Che Guevara abschaffen. Alle, die das versuchten, scheiterten blutig. Papa Doc regierte bis zu seinem Tode, er starb friedlich im Bett. Danach kamen noch fünfzehn Jahre, in denen sein Sohn Baby Doc regierte. Diese insgesamt neunundzwanzig Jahre Diktatur haben die Substanz des Landes zerstört.

Papa Doc schottete Haïti ab. Investitionen interessierten ihn nicht. Er war - im Gegensatz zu seinem Sohn - nicht auf Bereicherung aus. Geld interessierte ihn nicht. Er wollte Macht ausüben und Schrecken verbreiten. Dazu diente ihm eine von ihm aufgestellte Truppe, die *Tontons Macoutes* (zu deutsch etwa: Knecht Ruprecht), eine Miliz, die später sogar die Armee entmachtete. Der Mann meiner Tante, ein Offizier der Palastwache, wurde zusammen mit anderen Armeeangehörigen eines Nachts verhaftet und ohne Prozess erschossen. Insgesamt sollen einhundert Mann bei dieser Aktion getötet worden sein. Papa Doc brüstete sich, er habe eine Methode ersonnen, um 20.000 Menschen pro Jahr spurlos verschwinden zu lassen. Mal regierte er mit Unterstützung der USA, mal gab es Konflikte mit den Vereinigten Staaten, aber er war ganz sicher keine Marionette Washingtons.« *(Hans Christian Buch im FR-Interviw mit Arno Widmann)*

Unter **Baby Doc** sah das schon etwas anders aus. Er ließ Investoren ins Land, wollte es mit US-Unterstützung zum 'Taiwan der Karibik' ummodeln. Nochmal H.C. Buch: »In der Nähe des Flughafens entstanden Fabriken, in denen Baseball-Bälle, T-Shirts und Jeans genäht wurden. Wahrscheinlich hat das Erdbeben sie zerstört. Aber der Bevölkerung ging es nicht mehr so schlecht, und Haïti - das passt zum Stichwort Blutbad - wurde eines der wichtigen Exportländer für Blutkonserven. Tiefgefrorene Leichen wurden an Anatomien in Kanada geliefert. Das war die Zeit, in der Haïti sich gleichzeitig eines gewissen Rufes bei internationalen Showgrößen erfreute.« Mick Jagger z.B.besuchte öfters Port-au-Prince und schrieb dort u.a. die Songs für das Stones-Album *Emotional Rescue*.

Papa Doc & Sohn Baby Doc ließen während ihrer Regentschaften durch ihre gefürchteten Tonton Macouttes geschätzte 50.000 Menschen umbringen und weit mehr verschleppen, vergewaltigen und foltern. Nebenbei rafften beide bis zu Baby Docs Flucht am 7. 2. 1986 bis zu 80% aller Entwicklungshilfe-Gelder an sich. Während viele Projekte nie zu Ende geführt, andere nie begonnen wurden, 'entwickelten' diese Gelder Macht und Selbstvertrauen der

Duvalier-Docs. Außerdem unterschrieben sie jene Schuldscheine, die heute noch 45% der gegenwärtigen Auslandsschulden Haïtis ausmachen. Baby Doc versüßte sich den Abschied von seiner Heimat mit der Plünderung der Staatskassen um geschätzten $900 Millionen, von denen Baby Doc auch zur Zeit des Bebens noch sein Leben wie ein Gott in Frankreich finanzierte. Wie lange noch? Bei einer Hausdurchsuchung gelang es den Behörden, Madame Duvalier daran zu hindern, ihr Notizbuch im WC zu versenken. Da fanden sich Ausgaben aufgelistet wie z.B. $168.780 für Kleidung von Givenchy; $9.752 für zwei Pferdesättel für Kinder; $68.500 für eine Uhr ...

Erst am 3. Februar wurde bekannt, daß nur Stunden vor dem Beben das oberste Schweizer Bundesgericht einer Anordnung das Schweizer Bundesamtes für Justiz die Zustimmung verweigerte. Es geht um $4,6 Millionen, die Baby Doc in der Schweiz geparkt hat. Das Bundesamt hatte entschieden, das Geld solle 'zum Wohle von Haïtis Bevölkerung verwendet werden'. Doch das Gericht machte diese Anordnung rückgängig, nachdem Mitglieder des Duvalier-Clans dagegen Einspruch erhoben hatten. Schließlich seien die Verbrechen der Duvaliers verjährt ... Nun hat die Regierung der Schweiz verfügt, jene Gelder einzufrieren, bis man ein neues Gesetz erlassen hat, das es zuläßt, daß diese Gelder Hilfsorganisationen in Haïti zugute kommen.

Exkurs: Haïti bei der Fußball-Weltmeisterschaft 1974

»Haïti? Da fällt mir nur meine erste Fußball-WM ein. Ich war 12 und Haïti war dabei!« antwortete mir ein Buchhändler auf die entsprechende Frage. In der Tat fiel damals in Deutschland ein Tor, das ein Haïtianer nie vergessen wird. Was war geschehen? Kurz vor Weihnachten 1973 brandete in Haïti karnevalsgleicher Jubel in Hütten und Palästen auf: Die Kicker Haïtis hatten sich zwischen den Aleuten und der Karibik für die WM qualifiziert - dank ihres, hm, Heimvorteils. Das entscheidende Turnier fand in Haïtis Hauptstadt Port-au-Prince statt. Proteste der mexikanischen Favoriten gegen die einheimischen Fans, die sie unter den Augen der Polizei belästigten und bedrohten, verhallten ungehört. Mexiko besiegte zwar den Gastgeber Haïti, war jedoch zuvor von Trinidad besiegt worden. Trinidad wiederum erzielte gegen Haïti fünf Tore. Aber der Schiedsrichter erkannte nur eines an, Endstand: 2:1 für Haïti. Diktator Jean-Claude (*Baby Doc*) Duvalier, 22, finanziert dieses seinem Ansehen bislang zuträglichste Unternehmen.

Im Spiel gegen Italien geschah dann das Unfaßbare. Torwartlegende Dino Zoff hatte bei keinem Länderspiel der vergangenen zwei Jahre ein Tor kassiert, doch in der 47. Minute schlug Haïtis Stürmer Manno Sannon zu! Die Weltpresse hatte sinniert, welchem Star wohl dieses Tor gelingen würde - aber Manno hatte dabei niemand auf dem Papier. Haïti war im Fußballhimmel, auch wenn das Spiel letztendlich 1 : 3 verloren wurde. Danach verlor man gegen Polen 0 : 7 und gegen Argentinien 1 : 4 und konnte wieder nach Hause fahren.

Der Torhüter der Haïtianer, Henri Francillon, wurde nach dem Turnier für die Saison 1974/75 vom TSV 1860 München für die 2. Bundesliga verpflichtet.

Aristide, tricky, tricky

Bevor er gewählt wurde, sagte Aristide: »Wir sind zu Subjekten unserer eigenen Geschichte geworden, ab sofort weigern wir uns, Objekte dieser Geschichte zu sein.« - »Der polnische Papst kam 1983 nach Haïti, predigte öffentlich und erklärte: Hier muss sich etwas ändern. Die katholische Kirche richtete einen eigenen Radiosender ein, dann tat die evangelische Kirche das auch. So entstand eine regimekritische Öffentlichkeit in Haïti, eine Volksbewegung, die Baby Doc weggefegt hat. Es folgten Umstürze, Massaker. Da war es dann kein Wunder, dass am 16. 12. 1990 ein Salesianer, der Armenpriester Jean-Bertrand Aristide, mit 65,7% zum Präsidenten gewählt wurde. Eine seiner ersten Amtshandlungen war die Auflösung der Armee, die allgemein verhasst war wegen ihrer Brutalität. An ihre Stelle trat die neugeschaffene Polizei, die aber nie die Sicherheit der Bevölkerung gewährleisten konnte. Damit sind wir bei den Problemen der Gegenwart. Aristide gab sich salbungsvoll und sanft, sprach von Liebe und Frieden, doch gleichzeitig ließ er Gegner umbringen, und die kolumbianische Drogenmafia fasste Fuß in Haïti und machte die Slums zu ihren Zentren. Dort wurden und werden Waffen, Drogen und Entführungsopfer als Geiseln versteckt. Nichts wäre dümmer, als die Slumviertel zu Horten edler Armut zu stilisieren.« *(Hans Christian Buch im FR-Interviw mit Arno Widmann)*

1991 wurde Aristide gestürzt, das Militär killte 4.000 seiner Anhänger, doch kam er 1994 mit Clintons Hilfe wieder an die Macht. Die USA forderten von ihm, einen neoliberalen Wirtschaftsplan umzusetzen, der im Volksmund auch 'Plan des Todes' genannt wurde. Jean-Bertrand Aristide setzte Prioritäten auf Nahrungs-Sicherheit, Gesundheit und Ausbildung; er unterstützte

Agrar-Kooperativen und hob den Mindestlohn an. Als Aristide das Militär abschaffte, nannte ein Menschenrechtsanwalt dies »die größte Entwicklung der Menschenrechte seit der Revolution«. Aristide führte ein Frauenministerium ein, das dafür sorgte, daß Informationen über den Kampf der armen Frauen des Landes gegen sexuellen Mißbrauch durch Soldaten, Polizei und kriminelle Gangs als Unterdrückungsmechanismus weit über die Landesgrenzen bekannt wurden. Im Jahr 2000 erhielt Aristide 90% der Wählerstimmen, doch 2004 wurde er erneut gestürzt - nicht durch einen blutigen Aufstand, sondern durch die US-Marines, verstärkt durch Contras aus der DomRep.. Soldaten der US-Armee kidnappten ihn am 29. Februar aus seinem Haus in Tabarre und schickten ihn ins Exil nach Afrika, wo er heute noch lebt. Nach Ansicht des *New African* (Nov. 2004) waren die Forderungen einer Rückzahlung jener Reparationen durch Präsident Aristide an Frankreich ein Hauptgrund dafür, daß der Präsident schlußendlich gegangen wurde.

Lucy Macey: »Die großen Hoffnungen in Aristide schwanden, da er viele Versprechen nicht eingelöst hatte. So gesehen ist er eine knifflige Figur. Er ist eine Art herzensbrechende und schmerzhafte Gestalt, deren Erbe noch lange in den Geschichtsbüchern diskutiert werden wird. Die einen sagen „Er ist ein geistesgestörter, irgendwie dämonenhafter Militär-Diktator" bis zu denen, die wissen, „Er war ein vielversprechender, charismatischer Führer, der für Gleichheit stand, aber dann von den USA und der haïtianischen Geschäftselite abserviert wurde." Er ist sehr vielschichtig. Aristide hielt viele seiner Reden in Creole statt auf Französisch. Natürlich war ihm klar, daß eine Mehrheit der Bevölkerung, die Creole sprach, dem Vodou verbunden war. Kein Wunder, daß er bei der Mehrheit sehr port-au-princeulär war und von den Eliten verachtet wurde. Die Menschen streiten immer noch über seine wahren Absichten.«

»Falls Sie auf den ehemaligen haïtianischen Präsidenten und Armenpriester Jean-Bertrand Aristide ansprechen, dem Korruption unterstellt wird, sollten Sie diese Anschuldigungen auch einmal im Lichte einer finsteren Diffamierungskampagne betrachten, die es gegen Aristide vonseiten der religiösen Rechten in den USA und ihren Helfershelfern gegeben hat.« *(Ned Sublette)*

Aristide hat sich direkt nach dem Beben wiederholt aus seinem Exil Süd-Afrika gemeldet, er stehe dem Volk Haïtis jederzeit zur Verfügung - doch hat er in seiner Heimat Hausverbot.

Wo war/ist René Préval?

Obwohl Préval nun schon seit zwei Jahrzehnten in politischen Ämtern ist, wird er nach wie vor eher als Ersatzmann denn als machtvoller Politker angesehen. Als Sohn eines ehemaligen Landwirtschafts-Ministers floh er vor den Duvaliers, studierte in Belgien und Italien Wirtschaft und Biologie, jobbte in Brocklyn als Kellner, bevor er in den frühen 80ern nach Haïti zurückkehrte und in die Politik einstieg. Zeitgleich eröffnete er eine Bäckerei. Durch seine Brotspenden für Arme wurde Aristide auf ihn aufmerksam, und als er 1990 gewählt wurde, ernannte er Préval zum Ministerpräsidenten. 2006 wurde er, in Abwesenheit seines Mentors, mit großer Mehrheit als Haïtis Führer gewählt. Doch im Amt gab er eine schwache Vorstellung ab, unterwarf sich den Vorgaben der USA und fand gegen die wachsenden sozialen Unruhen kein Mittel. Er distanzierte sich von Aristides Lavalas Partei, unterstützte die Privatisierung einiger Regierungsaufgaben, und seine wirtschaftlichen Maßnahmen ließen gar die Zahl der Arbeitslosen zurückgehen. Préval unterstützte die Justiz im Kampf gegen Militärs und Polizeibeamte, die gegen die Menschenrechte verstoßen hatten. Bei seiner Wiederwahl 2006 hofften viele seiner Wähler vergebens, daß er Aristide zurückholen würde. Doch er spielt nur eine Nebenrolle im eigenen Land, in dem die UN und die von ihnen unterstützten 10.000 NGOs das Sagen haben. Alle Hilfsgelder der UN und anderer Staaten fließen an der Regierung vorbei direkt an die NGOs, von denen es in Haïti mehr gibt als irgendwo sonst auf der Welt. Er scheiterte mit dem Versuch, den Mindestlohn auf $5 anzuheben. Er verbot die Lavals-Partei, und schloß andere von den nächsten Wahlen aus, die in diesem Jahr stattfinden sollten.

Nach dem Beben schien Préval längere Zeit abgetaucht, und selbst als er wieder auftauchte und Regierungssitzungen unter dem Mango-Baum einer Polizeistation abhielt, schien er weder Authorität noch Macht zu haben. In diesem Jahr, 2010, sollten Wahlen seines Nachfolgers stattfinden, doch ist es derzeit nicht absehbar, wann es wieder ein Regierungsgebäude bzw. eine entsprechende Infrakstrutur geben wird.

UN

Die UN-Mission vor Ort kostet viel Geld und hat eine eingeschränkte politische Mission, ohne sich um Haïtis Infrastruktur und deren Entwicklung zu kümmern. Weder ließ die UN ein Straßennetzwerk bauen, noch entwickelte sie das Gesundheits- und Bildungssystem ausreichend.

Die UN schickten 7.000 Soldaten und 2.000 Polizisten, um die Menschen still zu halten und die entmachtete Regierung zu schützen. Statt dessen bewachen sie nun eine soziale Katastrophe und wurden wiederholt selber zu Tätern. Dan Beeton schrieb in seinem NACLA-Report über die Amerikas: »Die UN-Stabilisierungsmission in Haïti (*Minustah*), welche 2004 begann, führte immer wieder zu Morden, Vergewaltigungen und anderen Gewalttaten durch Mitglieder ihrer Truppen«. Die Menschen haben die Schnauze voll von all den in ihrem Namen verschleuderten Millionen, von den damit bezahlten Jungs, die auf ihren Panzern vorbeidonnern und ihre Gewehre auf die Bevölkerung richten. Diese von den Menschen isolierten, unrespektierten Bewacher sollen die Ordnung aufrecht erhalten. »

»Die USA haben kein Interesse am rohstoffarmen Haïti und wollen nur Flüchtlingsströme von ihren Küsten fernhalten. Aber sie sind nicht die Hauptschuldigen an der Misere. Washington kann die Probleme dort genauso wenig lösen wie in Afghanistan. Haïti ist ein zerfallender Staat, eine UN-Truppe soll für Ordnung sorgen. Doch die 9.000 Blauhelme sind nicht motiviert. In New York brütet man immer neue Ideen für Haïti aus, die genauso wenig funktionieren wie im Kongo oder im Kosovo. [...] Die Blauhelm-Truppen sind in Haïti nicht beliebt. Viele Haïtianer sagen, für hundert Dollar pro Tag wären auch sie bereit, in Bangladesch oder Sri Lanka für Ordnung zu sorgen. Hinzu kamen sexuelle Übergriffe, Waffen- und Drogenhandel, was den brasilianischen General Bacellar, damals Oberkommandeur, 2006 in den Selbstmord trieb. Kurz zuvor hatte er mir erklärt, er sei Offizier, kein Soziologe oder Ethnologe, und brauche Haïti nicht zu verstehen. Das war ein verhängnisvoller Irrtum - die Brasilianer glaubten, Haïti sei eine Art Favela, deren Probleme spielend zu lösen seien, mit Fußball beispielsweise.« *(Hans Christoph Buch)*

Frauen und Kinder in der Statistik

In Haïti wird nur ein sehr kleiner Teil der Geburten und Todesfälle amtlich registriert. Daher beruhen alle Zahlen auf Schätzungen und Projektionen. Die folgenden Zahlen sind daher nur Richtzahlen.

Die Lebenserwartung beträgt im Schnitt 50 Jahre (2006), und das Durchschnittsalter der Bevölkerung 20,2 Jahre (2009). Die Säuglingssterblichkeit lag 1997 bei 9,2 %, die Kindersterblichkeit bei 13,2%. Das durchschnittliche jährliche Bevölkerungswachstum betrug 1997 1,9% und war bis zum Jahr 2010 auf 2,1% angestiegen. Die Fruchtbarkeitsziffer lag im Jahr 2009 bei 4 Kindern pro Frau.

Vor dem Beben lebten in Haïti laut Unicef 380.000 Waisenkinder unter 17 Jahren. Viele von ihnen wurden von ihren Familien aus wirtschaftlichen Gründen aufgegeben. Diese Zahl wird sich nun erheblich vergrößern, wobei allemal 46% der Landesbevölkerung nicht älter als 17 Jahre sind.

Eine besonders tragische Opfergruppe des Bebens sind die Schwangeren. Die UN schätzen, daß 15% der erfaßten 63.000 schwangeren Frauen im Bebengebiet mit lebensbedrohlichen Komplikationen zu rechnen haben. Für die ca. 7.000 Frauen, die im Februar ihr Kind erwarten, ist die Lage besonders gefährlich.

Schon vor dem Beben lag die Säuglingssterblichkeit sehr hoch, von 100.000 Müttern starben hier 670 im Kindbett, in den USA sind es 11.

Aristide in seinem Haïti-Buch: »In einer Gesellschaft, in der die Frau so viel arbeitet, war die Chancengleichheit eine ebenso wichtige wie neue Forderung. So war ein Ereignis im Jahr 1986 ein ganz besonderes: Dreißigtausend Frauen gingen auf die Straße, um gleiche Löhne, gleiche Verantwortung und gleiche Chancen zu fordern. Ich hatte bis dahin in einer Männerwelt gelebt, von Männern regiert, inmitten christlicher Gemeinden, in denen Männer die wichtigsten Verantwortlichkeiten unter sich verteilten. Eine solche Bewegung mahnte, bohrte, störte ... Nun mußten die Frauen auch ihren Platz in der Demokratie finden und ihre Würde zurückerhalten. Die Präsenz von vier Frauen in der Regierung Préval würde 1991 mehr als eine symbolische Antwort sein. Gleichzeitig sollten noch viele andere Frauen an der politischen und wirtschaftlichen Verantwortung teilhaben.«

Die Nachbarn:
die Dominikanische Republik

Die Dominikanische Republik, umgangssprachlich Dom Rep, ist heute für viele Billigtouristen eine Zweitheimat, auch wenn deren Zahl in den vergangenen Jahren rückläufig war. Für jeden Besucher scheint es unfaßbar, daß die Nachkommen afrikanischer Zwangsumgesiedelter fern der ursprünglichen Heimat sich zu solchen Rivalen entwickeln konnten. »Zwischen 600.000 und 1 Million Dominico-HaïtianerInnen leben inzwischen im Land. Die meisten von ihnen besitzen keine gültigen Papiere. Obwohl in der Dominikanischen Republik geboren und aufgewachsen, der eigenen Sprache – des Creole – kaum noch mächtig, wird ihnen bis heute von den dominikanischen Behörden die Staatsbürgerschaft verweigert. Sie sind weder haïtianische noch dominikanische Bürger und somit absolut rechtlos; ohne Anspruch auf Schulbildung oder andere staatliche Sozialleistungen, jederzeit von Verhaftung und Abschiebung bedroht. So sichert sich der dominikanische Staat eine frei disponible Masse an Billigstlohnarbeitern, die je nach ökonomischer Notwendigkeit eingesetzt oder über die Grenze abgeschoben werden können.« *(Buko)*

Heute arbeitet kaum noch ein Bürger der Dominikanischen Republik auf den Zuckerplantagen – das überläßt er seinen – zum Teil illegalen, zum Teil gekauften – Brüdern aus Haïti. Von denen sind inzwischen über 10% HIV-positiv. Sie leben in Hütten, den *batays*, jeweils sieben in einem Raum – ohne Wasser- oder Stromanschluß, ohne Rechte. Eine zivilisierte Welt würde sich mit menschenverachtenden Lebensbedingungen wie hier nie abfinden. Heute erkranken Männer afro-karibischer Herkunft drei Mal häufiger an Prostata-Krebs als Weiße – warum das so ist, entzieht sich noch der Forschung. Ein geübter Rohrschneider verdient ein Zehntel dessen, was eine 4-köpfige Familie braucht. Eine absurde Situation: Ein Land, das seiner armen Bevölkerung nicht ausreichend Arbeitsplätze bieten kann, läßt aus einem noch ärmeren Nachbarland Abertausende von Hilfsarbeitern importieren, da die eigene Bevölkerung die Arbeit auf den Zuckerplantagen als ›Sklavenarbeit‹ ablehnt.

Nochmal: »Der Unterschied zwischen Haïti und der Dominikanischen Republik besteht im flächendeckenden natürlichen Bewuchs der Republik, während große Teile Haïtis eher einer Mondlandschaft gleichen – und nichts mehr an das lebhafte tropische Paradies, das es einmal war, erinnert.« (*New African* Nov/04)

Genau zwei Wochen nach dem Beben in Haïti hat die Dominikanische Republik ihre 'Carta Magna', eine neue Verfassung verabschiedet. Es ist die 33. ihrer Geschichte, ein Ruck nach Rechts. Unter den 277 Paragraphen finden sich folgende Änderungen:
• Nur Mann und Frau dürfen heiraten. Somit ist dies die einzige, oder, realistisch: die erste Verfassung, in der eine gleichgeschlechtliche Ehe verboten ist.
• Die Todesstrafe ist verboten, denn »das Recht auf Leben gilt ab der Zeugung bis zum Tod«, soll heißen: Abtreibung = Hinrichtung = verboten.
• In der DomRep geborene Kinder Illegaler haben kein Recht auf die DomRep.-Staatsangehörigkeit.
• Der Weg zum Privatbesitz von Stränden und Wasserwegen wird frei gemacht.
• Gewaltsame Umstürze sind verboten.
• Jeder Bürger des Landes hat das Recht, Sport zu treiben.
• Das offizielle Motto des Staates ist nun *'Dio, Patria, y Libertad'*.

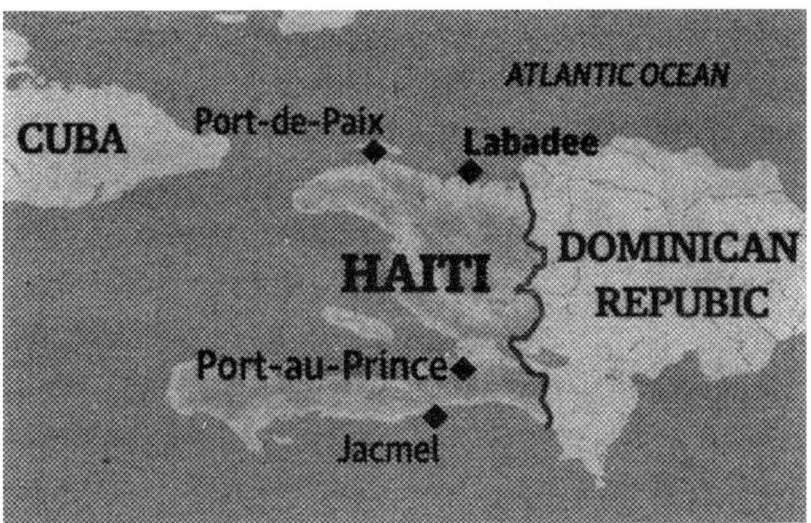

Als ich in der Nachbarschaft

an meinem Zucker-Buch arbeitete ...

DomRep Flug OK. Aber vom Flughafen in der westlichen Touristik-Beach-region Punto Cana zum Hotel in meinem Zielort Sousoa im Westen sinds noch weitere 450 km. In Punto Cana Hektik. Werde als Einziger von einer älteren Respektperson zur Gepäckkontrolle rausgepickt. Der junge Zöllner der mich durchsuchen soll, entschuldigt sich dafür und sucht nicht. Hola! Meine Dreads spalten auch hier die Meinung. Bin einziger Fluggast nach Sousoa, Richtung haïtianische Grenze, 95 min fliegen wir durch, über und unter Wolken, über grüne Hügel ... Ich sehe erstmals *Green rivers*, alle Flüsse, und es davon gibt etliche, schließlich erheben sich die Berge über 3000 m hoch, sind grün. Der absolute Höhepunkt: doppelte, zeitweilig 3-fache geschlossene Regenbogen-kreise. Traumhaft. Hatte ich so noch nie erlebt.

Sosua, so lerne ich nun im *Lonely Planets Guide*, gehörte in den 20er Jahren der United Fruit Company, die hier neben Zucker vor allem Bananen anbaute. Dann erstand Diktator Trujillo das Land und verscherbelte es in den späten 30er Jahren an jüdische Organisationen in den USA.

Auf dem Balkon mit Meerblick: Vor mir der Traum, hinter mir die karibische Armut. Lese das Buch *Sugar & Modern Slavery*, die tragische Geschichte dieser Insel, dieser zwei Staaten. Ich werde zunehmend dünnhäutig. Sugar sucks. Und schon jetzt bekomme ich Aggressionen, wenn ich an die Sprüche nach meiner Heimkehr denke: »Na, schönen Urlaub gehabt?" Für mich fühlts sich eher wie eine luxuriöse geistige Folterkammer an.

Next day: einmal die Hauptstraße lang geschlendert. Ballermann für Große: *Zum dicken Herrmann*, die *töff-töff-bar*, das *Trip-Top* ... finde unter den 80 TV-Kanälen einen örtlichen deutschen: das einzige deutsche Karibik-TV, hier in Susosa wird ein Weihnachtsmarkt für bedürftige Kinder angesagt, Werbung für den örtlichen deutschen Gynäkologen; ein Nachrichtensprecher, der sich dreimal in seinen Meldungen widerspricht und mit höhnischem Unterton do-minikanische Politiknews verliest. U.a. müssen 40% im aktuellen Staatsetat für Schuldentilgung bereitgestellt werden.

Ich erkundige mich, ob es Tagestrips nach Haïti gibt. Nur $85 bis zur Gren-ze. Der Übertritt würde $60 kosten, und da wäre sowieso nicht mehr viel zu sehen. Nur Einheimische und ihre Märkte. Na, Danke.

Ein ganzes Stadtviertel besteht aus Touristenbuden, in denen Kunsthandwerk bzw. teils wirklich schöne Gemälde angeboten werden. Dabei auch wunderschöne bunte leuchtende Bilder der Zuckerrohrernte. Bilder, so süß wie Zucker. Als wäre die Ernte ein lustiges Zuckerschlecken im Familienkreis, bei dem sich alle ihre Sonntagsklamotten anziehen.. Und an jedem Stand Bob Marley Portraits - aber ich sehe keine Rastas. Ein älterer Mann spricht mich auf meine Haarzottel an. Er sei aus Jamaika, vor vielen Jahren hier gestrandet und im Herzen sei er Rasta. Diese Kunst ist ausnahmslos von Menschen aus Haïti und die Stände werden auch von ihnen betrieben.

In den Nachrichten des Deutschen Karibik TV erfahre ich, daß gerade heute Colin Powell in Port-au-Prince gelandet sei. Außerdem hätte es dort mehrere Schießereien mit vielen Toten gegeben und ein Knastausbruch sei vereitelt worden. Häftlinge hatten ihre Zellen angesteckt - und man ließ sie dieses Mal verbrennen, nachdem vor Monaten auf diese Art alle Häftlinge entfliehen konnten.

Der ältere bewaffnete Wärter nebenan und ich hatten schon die Tage zuvor übern Zaun miteinander gestenreich gescherzt, ohne das ich wußte, was er da eigentlich bewacht. Der *Lonely Planet Guide* klärt mich auf: Die Synagoge und das jüdische Museum. Als ich das Gittertor durchtrete, lachen wir uns an, umarmen uns und dann tauche ich ein in die Vergangenheit.

Man muß sich schämen, so wenig zu wissen. Oder in diesem Falle ich. Hatte noch nie von der *Konferenz von Evian* gehört. Hier die Geschichte: Im Juli 1938 trafen sich in französischen Evian-les-Baines Vertreter von 32 Nationen. Grundsätzlich war es global zu einer Verschärfung von Einwanderungsgesetzen gekommen. Als nun die Nazis, salopp gesagt, 'die Juden loswerden wollten' kam es zu dieser Tagung - und nur ein Land erklärte sich bereit, 100.000 dieser Menschen aufzunehmen: ausgerechnet Diktator Trujillo und die DomRep. Gerade er, der sich wie Michael Jackson weiß puderte um seine Herkunft zu verschleiern, er, der ein Jahr zuvor Tausende von Haïtianern hatte abschlachten lassen. Doch der Kriegsanfang verkomplizierte die Überführung. 1940 wurden hier nur etwa 350 jüdische Familien aus Deutschland und Österreich relocated. Diese versuchten sich mehrheitlich im Gemüseanbau, später in Viehzucht, doch spätestens in den 60er Jahren wuchs der Widerstand (Neid?) der Einheimischen und die jungen Siedler der 2. Generation wanderten in die USA bzw .Israel aus. Heute gibt es nur noch eine kleine jüdische Gemeinde. Doch das einzige Museum der Stadt ist das *Museo de la Comunidad Judia de Sosua*. Das kleine Museum schleuderte mich in eine andere Zeit und Realität. Genau dort, wo 'mein' Hotel steht, befand sich vomals die Molkerei dieser Auswanderer. Man braucht schon ein Wissen und sensibles Auge, um im Stadtbild noch alte Spuren zu entdecken. (Mehr dazu unter www.calsky.com/lexikon/de/txt/ko/ konferenz_von_evian.php).

Schon damals richtete Diktator Trujillo Spielwiesen für geile Touristen ein. Dann kam die 2. touristische Sexwelle. Sosua als Open-Air-Großbordell. Doch seit auch hier AIDS verbreitet ist, bleiben die Freier aus. und heute gilt der Ort eher als Platz für ältere Touristen. Ich visioniere mich für ein paar Wochen auf dieser Insel. Mit ausreichendem Grundwissen um einen Science-, oder besser: Social-Fiction zu schreiben: Das Leben auf dieser Insel heute, wenn es nie das Zuckerrohr und seine Folgen gegeben hätte. What a wonderful world! Was mir nicht ins System will ist der abgründige Streit zwischen den DomRepis und den Menschen aus Haïti. Die letzteren waren die ersten unabhängigen Schwarzen, und 200 Jahre später beuten die einen die andern aufs Blut aus. Die Arbeit in den Zuckerplantagen, so wird mir gesagt, sei nichts für freie Menschen. So werden die Haïtianer noch heute quasi als Sklaven behandelt - von ihren ehemaligen Brüdern und deren MultiHerren.

Immer wieder gibt es hier Menschen, die sich sichtlich freuen, jemanden wie mich zu sehen. Nach einigen Tagen weiß ich dann schon: das sind Haïtianer. Diese ergötzen sich an meinen Filzsträhnen; selbst alte Frauen wollen daran ziehen, ob die wirklich echt sind. Das verfolgt mich bis zum Abflug drei Tage später. Noch auf dem Flughafen sprechen mich schniecke Flugbegleiter an. Ich frage sie: 'You're haïtian?' - *'Yes, Sir, how do you know?'*

• Die Erinnerung an jene haïtianische Freundlichkeit gab mir wahrscheinlich den Anstoß, das vorliegende Buch zu machen.

Zeichnung von Hari

Hilfe, Hilfe? I

Die Hand die gibt,
ist höher als die Hand die nimmt
Volksmund Haïti

Einige der 'Spendengelder' bleiben meist im Spenderland. Die US-Regierung 'spendet' unter der Bedingung, daß ein erheblicher Anteil der Gelder umgehend in die eigene Wirtschaft fließt. Laut Tracy Kidder prozentual mehr als bei anderen Industriestaaten

»Viele der kleineren Hilfsprogramme und NGOs werden von ernergischen und selbstlosen Menschen betrieben, doch einige der Großen sind wenig mehr als Schwindelorganisationen, äußerst gewinnbringend für die Betreiber,« klärt uns Patrick Cockburn auf. »Es ist erstaunlich, wie wenig die kostspieligen Unternehmen von US-Hilfsorganisationen in Kabul und Baghdad bewirkt haben. Ein ehemaliger Welt-Bank-Direlktor in Afghanistan mußte feststellen „Die Verschwendung von Hilfsmitteln schreit zum Himmel. Vor allem Privatunternehmen plündern wie wild. Es ist ein Skandal!" Ausländische Berater verdienen für ihre Tätigikeit in Kabul, in einem Land, in dem 43% der Bevölkerung von weniger als $1 am Tag auskommen müssen, zwischen $250.000 und $500.000 im Jahr. All das kommt bei den Haïtianern, die auf kurzfristige Hilfe und eine langfristige Perspektive warten, nicht gut an. Nur eine funktionierende und rechtmäßige Regierung des Landes könnte dafür sorgen, daß bei der 'Hilfe' die wirklichen Probleme der Menschen berücksichtigt werden. Die US-Armee, die UN-Bürokratie oder ausländische NGOs werden dazu in Haïti oder anderswo nie in der Lage sein.«

Daß es auch anders geht, hat Kuba wiederholt bewiesen. Derselbe Sturm, der im Jahr 2008 für tausend Todesopfer sorgte, traf in selber Stärke auf Kuba, wo vier Menschen ihr Leben lassen mußten. Kuba ist bislang den wildesten Auswüchsen neoliberaler Reformen entkommen. Ihre Regierung ist in der Lage, seine Bürger in Katastrophenfällen besser zu schützen. Das sollten wir bedenken, wenn wir über Hilfe für Haïti nachdenken.

Was kann neben Hilfsendungen getan werden, die Selbstverwaltung der Institutionen und die Menschen in Haïti dauerhaft zu stärken? Das wird nicht möglich sein wenn wir dauerhaft versuchen, die Kontrolle über die Regierung zu behalten, die Bürger einzuschüchtern und ihre Wirtschaft auszubeuten. »Und dann müssen wir anfangen, zumindest für einige der Schäden, die wir Haïti zugefügt haben, zu zahlen,« so Peter Hallward.

Hilfaktionen in diesem Umfang sind ja nicht wirklich neu. US-Amerikaner fragen sich oft, warum denn ihre Besetzung Deutschlands und Japans nach dem 2. Weltkrieg so erfolgreich verlief, sie aber ein halbes Jahrhundert später im Irak und in Afghanistan so jämmerlich versagt. Die Antwort liegt in den effizienten Verwaltungsapparaten in Deutschland und Japan, die zum Wiederaufbau beitrugen. Wo diese Verwaltungs-Maschinerie schwächelte, so wie in Italien, waren die US-Besatzer auf die Kooperation mit korrupten und inkompetenten regionalen Eliten agewiesen - mit dürftigen Erfolgen. So wie heute im Irak, in Afghanistan und in Haïti.

David Eller, Präsident einer christlichen Hilfsorganisation aus Seattle, sagt: »Länder wie Haïti sollten für den Notfall ausreichend Lebensmittel und Wasser für zwei Wochen lagern, bis Hilfe von außen einsetzen kann. Doch die Armut in Haïti ließ dies nicht zu. Die Menschen haben einfach keine Möglichkeiten, Vorräte zu kaufen und zu lagern. Sie leben von Tag zu Tag.«

Ausgerechnet am Tag des Bebens berichtete *The Guardian* über den fragilen Vorrat an Nahrung und Sprit in England. »*Nine meals from anarchy*«. Ich weiß nicht, wie lang entsprechende Vorräte bei uns reichen und wir im Notfall reagieren würden/werden.

Der Onkel im Exil

Mein Onkel lebte mehr als fünfzig Jahre in Bel Air, doch dann wurde er 2004 von Gangs bedroht. In den vergangenen 30 Jahren war er immer mal wieder zu Besuchen in die USA gereist. Nach dem Vorfall mit den Gangs wollte er mich in Miami besuchen und beantragte ein 'zeitlich begrenztes Asyl'. Man nahm ihn fest und wies ihn ins *Krome Detention Centre* ein. Mein Onkel war 81 Jahre alt, litt unter Krebs und konnte nur durch eine Voice-Box sprechen. Man nahm ihm all seine Medikamente ab und wenige Tage später starb er im Gewahrsam des Immigrations-Büros. Wir durften ihn nicht besuchen, nachdem er festgenommen wurde. Man kettete ihn in der Knastabteilung der Klinik ans Bett. Selbst nachdem er gestorben war, wollte man uns nichts über ihn sagen. In der Nacht in der er starb, rief mich jemand an. Ich versuchte daraufhin vergeblich Infos vom Imigrations-Büro zu bekommen. Ich rief im Krankenhaus an, aber die verwiesen mich aufs Imigrations-Büro. Erst am Morgen danach wurde uns sein Tod offiziell mitgeteilt. Nach einer Autopsie erklärte man uns, er sei an chronischen Bauchspeichelproblemen gestorben - die er vor seiner Einlieferung noch nicht hatte. Dann übergab man uns seinen Leichnam und verabschiedete sich mit »Viel Glück«.

Urlaubsparadies 'Magic Island' I

Schon in den 50er Jahren blühte hier der Tourismus, vor allem für Künstler und Intelektuelle, die sich von der lebendigen Musik, Malerei und Literatur-Szene inspirieren ließen - von Graham Greene bis André Bresson. Touristen fühlten sich unter der Duvalier-Diktatur sicher und sie kamen zuhauf. Die Clintons verbrachten hier ihre Flitterwochen. Touristik-Prospekte werben mit Öko-Touismus, archäologischen Ausgrabungen und voyeuristischen Besuchen von Vodou-Zeremonien - doch die Realität sieht anders aus.

Die Urlauber an den Stränden von Labadee, dem bewaldeten Touristik-Ghetto im Norden, lassen es sich gut gehen: fünf weite, menschenleere Strände, den Cocktail in der Hand und die Gewissheit, auf *Magic Island* zu sein - wie es in der Broschüre der Reisegesellschaft steht. Manchmal steht da auch Insel *Hispaniola* - aber welchem US-Tourist wird bei dem Namen klar, daß er sich auf Haïti befindet? In der Tat handelt es sich bei diesem, durch 3 Meter hohe Stacheldrähte und Sichtblenden versteckten, Ferien-Paradies um die tragischen Reste einer noch vor Jahrzehnten florierenden Touristikindustrie. Labadee ist ein Stück Land, ähnlich wie Guantanamo auf der Nachbarinsel Kuba: von einer US Firma (nicht vom Militär) für $55 Millionen bis ins Jahr 2050 gepachtet und verwaltet wie US-Eigentum. Es war Präsident Clinton, der diesen Deal einfädelte, den Norden Haïtis, im größtmöglichen 'Sicherheitsabstand' zu Port-au-Prince, zu einem touristischen Spielplatz auszubauen - und der die Anlagen auch schon selber genossen hat.

Anfang 2008 ein versuchter Neuanfang: Die OAS plante $270 Millionen in die Ausbildung von Hotel- und Restaurantpersonal und dazugehörige Neubauten zu stecken. Doch die Hunger-Aufstände vom April ließen den Touristik-Minister Delantour verzagen: »Was auch immer der Welt von Port-au-Prince gezeigt wird, das hat unmittelbare Auswirkungen auf unsere Touristik-Industrie.« Dann trat der Minister zurück.

Nur die US-Firma *Royal Caribbean*, mit ihren mit 17-stöckigen, 300 m langen, 160.000 t schweren und mit 3.500 Passagieren bestückten Monsterbooten, profitiert noch von Haïtis bzw. Labadees Stränden. Jährlich legen sie mit 500.000 Touristen in der Bucht, mit wenigen Hütten, kleinen Restaurants und einigen Animateuren an. Einige Passagiere bleiben ein paar Tage, bei anderen reicht es nur zu einem kurzen Strandausflug, für den der Regierung immerhin

$6 Kopfprämie/Steuer entrichtet werden. Man muß nichtmals von Bord gehen, denn dort gibt es Kinos, eine Kletterwand, eine Eislaufbahn. Wer jedoch diese Paradiesboote verläßt, hat die Wahl: Paragliding, Wasser-Ski, eine Bobbahn (inkl. Seilbahn) und andere, teils kostspielige Freizeitunternehmungen, deren Nutzung jede für sich teurer sind, als ein Haïtianer im Durchschnitt monatlich verdient.

Es handelt sich im eine Art Kasernentourismus, denn kaum jemand begeht den kleinen Kunsthandwerker-Markt hinter dem Stacheldraht, selten traut sich jemand in die 12 km entfernte ehemalige Hauptstadt Cap Haïtien - schließlich hat man Urlaub im Paradies gebucht und will da keinen hungernden Kindern begegnen.

Gut 200 Haïtianer verdienen auf *Magic Island* als Reinigungskräfte täglich $12, immerhin ein Mehrfaches des haïtianischen Durchschnittslohnes. Die fast 300 Souvenierhändler balgen sich täglich um einen der 70 Verkaufsstände, für den sie Gebühren zahlen müssen - auch wenn sie nichts verkaufen.

»Ich fühlte mich wie an einem Filmset«, erzählte ein Tourist auf einer Website mit Reiseberichten, »Das Wasser ist kristallklar und die Vegetation so grün und satt. Einfach wunderschön. Doch dann sah ich den Zaun und mit wurde klar, daß kein Enheimischer an diesen Strand durfte. Ich kam mir schlagartig wie ein versnobter Tourist vor, der seinen Urlaub in einem Land genießt, in dem die meisten Menschen um ihr Überleben kämpfen.« Ein anderer war eher besorgt, nicht von den örtlichen Händlern betrogen zu werden. »Wenn wir den geforderten Preis gezahlt hätten, wären wir $85 Dollar losgeworden. Doch wir zahlten nur $16. Einer der Typen warf sich vor uns auf den Boden und jammerte 'Das bringt mich um, Boss Lady' Meine Frau klärte ihn auf 'Ich will Dich nicht umbringen, ich werde nur Deinen Preis nicht zahlen!' Es war großartig!«

Ein weiteres $40 Millionen Projekt ist geplant: Die malerische Stadt Milot soll zu einem touristischen Spielplatz mit Restaurants und Kunsthandwerks-Ständen etc., ja, sogar Kopfsteinpflaster umgebaut werden. Milot bietet sich an, befindet sich dort doch die Citadelle - seit 1982 Teil des Weltkulturerbes - und der Palast von Sans Souci bzw. das, was von ihm übrig blieb. Mal schauen, was von dem Plan übrig bleibt.

Hans-Christophs Tagebuch - 6. Tag

»Gott allein kann Haïti retten", ruft ein Erweckungspriester im Radio und bringt damit zum Ausdruck, was die meisten Haïtianer glauben. Immer mehr Tap-taps, so heissen die von Passagieren überquellenden Busse und LKWs, sind mit religiösen Botschaften geschmückt. Anstatt »Vol direct« oder »Kiss me« liest man: »Jesus come back« und »Christ seul capable«. Ich frage den Vodou-Priester und Künstler André Pierre, der seit Jahrzehnten das Pantheon der afrikanischen Götter malt, wie er die derzeitige Situation in Haïti beurteilt.

»Es gibt keine Situation in Haïti«, antwortet André Pierre, nachdem wir Kaffee getrunken und den ersten Schluck den Verstorbenen gespendet haben, denn die haben grossen Durst. »Es gibt keine Situation und Haïti gibt es auch nicht. Die Vodou-Götter haben uns verlassen und sind nach Afrika zurückgekehrt, weil wir die Freiheit, die sie uns schenkten, an die Amerikaner verkauft haben, und ein Geschenk der Götter verkauft man nicht.«

Ich will wissen, ob er sich selbst als Katholiken oder Vodou-Gläubigen bezeichnet. »Katholisch heisst rechtgläubig, und ausser Gott dem Allmächtigen ist niemand Katholik. Wir sind alle Protestanten, denn jeder Mensch protestiert gegen Gott; auch der Papst in Rom ist Protestant. Im Grunde gibt es nur eine einzige Religion: die Dreieinigkeit von Leben, Tod und Auferstehung. Der Vodou-Totengott Baron Samedi hat den Beinamen Mâitre La Croix, weil er das Kreuz trägt und die Sünden der Menschheit auf sich nimmt, und unser Kriegsgott Papa Ogoun ist der oberste Kommandeur im Generalstab von Jesus Christus. Haben Sie schon einmal ein Portrait von Luzifer gesehen?« André Pierre zieht einen Geldschein aus der Tasche und reicht ihn mir. »Luzifer ist der Herr der Welt, sein Foto ist auf jeder Münze und jedem Schein.«

Hans-Christophs Tagebuch - 7. Tag

Schlecht geschlafen, denn die halbe Nacht hindurch kräht der von den Toten auferstandene Hahn und spukt als Zombie in meinen Träumen herum. Ein Blick aus dem Fenster bestätigt die schlimmsten Befürchtungen: Zwar hat der Hahn eine Menge Federn gelassen, aber er besteigt schon wieder, fröhlich krähend, ein Huhn: Symbol für den Überlebenswillen des haïtianischen Volkes, das barfuss auf glühenden Kohlen tanzt.

»Um den Hahn wäre es nicht schade«, sagt Matante Jeanne beim Mittagessen: »Das Vieh macht kolossal viel Krach. Aber die vielen unschuldigen Menschen tun mir leid, die man in Haïti umgebracht hat.« Vielleicht denkt sie dabei an ihren Mann, den Papa Doc im Mai 1963 in einer Bartholomäusnacht zusammen mit Hunderten von Offizieren der Armee hinrichten ließ. Erst 25 Jahre später wurde sein Tod offiziell bestätigt, eine Pension nie ausbezahlt. »1933 bin ich von Hamburg aus nach Haïti zurückgekehrt«, fügt sie hinzu. »Die Nazis hätten mich am liebsten umgebracht, obwohl der Vater von Göring vor dem Ersten Weltkrieg Botschafter des deutschen Kaiserreichs in Port-au-Prince war. Es ist besser, du fliegst bald wieder nach Berlin zurück, sonst wirst du hier auch noch umgebracht.«

Davor

● ●

Danach

DAS BEBEN

>»... es wankt der Grund, auf dem wir bauten.«
>
> *Schiller, Wilhelm Tell, Akt I, Szene 2*

Die tektonische Platte der Karibik, also auch Haïti, schiebt sich wie ein Finger jährlich etwa 2 cm zwischen die südamerikanische und nordamerikanische Platte. Dieser Druck führte am 12. Januar 2010 zu einem schweren Erdbeben der Stärke 7,0. Das Hypozentrum des Hauptbebens lag 25 km westsüdwestlich der Hauptstadt Port-au-Prince in einer Tiefe von 13 km. Bei anderen Katastrophen kann man hinterher meist sagen: es ist vorbei. Nicht in diesem Fall. Die zahlreichen Nachbeben zeugen davon, daß es in den Erdschichten weiter rumort.

Tippenhauer zählt 1893 in seinem Buch zwischen 1551 und 1890 ganze 167 Erdbeben in Haïti auf - minutiös mit Datum, Dauer, Ort und Stärke - so sie ihm bekannt waren. »1564 zerstörte ein heftiges Erdbeben die neu gegründete Stadt Conception de la Vega; 1684 litten Santo-Domingo und Azua sehr viel; im Jahr 1770 machten die Erderschütterungen Port-au-Prince zu einer Ruinenstadt [...] Alle hundert Jahre einmal hat also die Insel wirkliches Unheil durch die Erdbeben gesehen.« Und Bauherren offensichtlich wenig dazugelernt. Die Erdspalte, die zum Beben führte, stand schon seit dem letzten Beben vor 240 Jahren unter Druck. 2008 hatte Dr. Calais vor einem erneuten Beben gewarnt. Etwa 150 km nordöstlich erstreckte sich eine ähnliche Erdspalte, die schon seit 800 Jahren nicht mehr zur Entladung kam. Diese würde nach Schätzungen die Stadt Santiago und das Cibao-Tal mit einem Beben von 7,5 auf der Richterskala erschüttern.

Durch das Beben sind nicht nur die meisten alten Herrschafts- und Regierungsgebäude samt Inhalt vernichtet worden, sondern auch ein Großteil der Archive.

Um so wichtiger werden mündliche Überlieferungen. Nichts Neues in Haïti: Schon im 19. Jahrhundert wurden alle Regierungsarchive verbrannt - einer der Gründe, warum kaum Originalaufzeichnungen aus den Revolutionsjahren verblieben waren. Nun gilt es aus den Trümmern so viel wie möglich zu retten, bevor die Bulldozer kommen bzw. die Regenzeit einsetzt.

Paralellen zu New Orleans

Um 1620 gründeten Franzosen New Orleans, ab 1722 Hauptstadt von Lousianna, das 1731 zur französischen Kronkolonie ernannt wurde. 1763 verschacherte man es an Spanien,1800 wurde es nochmal französisch. Im Dezember 1803 verkauften die Franzosen Lousianna - inklusive der 1355 Sklaven in New Orleans - an die Nordamerikaner. 1805 ergab eine Volkszählung 3551 Weiße, 1566 freie Farbige und 3105 Sklaven. New Orleans war bis 1830, und dann ab den 1970ern bis zur Zwangsumsiedlung nach Katrina 2005 eine überwiegend farbige Stadt. In New Orleans wurde 4 Wochen nach dem Beben in Haiti erstmals seit 32 Jahren wieder ein Weißgesicht zum Bürgermeister gewählt. Zeitgleich gewannen die Saints überraschend den Super Bowl - mit einem Weißen als Quarterback.

Damals war Menschen aus Haïti, auch den sog. 'freien Farbigen', der Umzug nach New Orleans verwehrt. Wenige Jahre später kamen sie dann über den Umweg via Kuba und diese Menschen stärkten der bis dato eher schwachen Vodou-Fraktion der Stadt das Rückgrat und sorgten für eine Umbenennung. Voodoo in New Orleans war zu 80% eine Angelegenheit der Frauen, der Voodoo Queens. Anderswo war Vodou eher eine Männerangelegenheit. So sind es bis heute in den in Kuba und Haïti praktizierten ehemals afrikanischen Religionen/Kulturen die Männer, die die Trommeln schlagen. Anfang des 19. Jh. spielten sich die meisten Voodoo-Rituale im Untergrund ab, denn welcher Weiße hätte in Gruppen nackt tanzende Frauen ertragen können (Ohne Eintritt zahlen zu müssen)?

Bush jr. hatte 2005 noch Tage gebraucht, um auf Katrina zu reagieren; Obama war beim Beben schneller, schon nach wenigen Stunden kündigte er umfassende Hilfsmaßnahmen an. In der Praxis aber kamen beide Hilfsmaßnahmen sehr spät an, in Haïti für Tausende zu spät.

Dainiel Wolff hatte in Haïti am Film *The Agronomist* (siehe Wyclef Jean) als CoProduzent mitgearbeitet. Anschließend widmete er sich dem Projekt *Right to Return*, über die Menschen, die versuchten nach New Orleans zurückzukehren. Von diesem Eindrücken geprägt sagte er: »Wir müssen uns umgehend für eine medizinische Versorgung kümmern, denn die Haïtianer sind auf diesem Gebiet chronisch unterversorgt. Die US-Regierung hatte diese Hilfe beim Hurrikan Katrina kriminell verschleppt. Dafür gab es viele Gründe, doch es drängt sich

der Verdacht auf, daß diese Zurückhaltung etwas mit der sozial-wirtschaft-
lichen Situation der Opfer zu tun hat: sie sind arm. Es schien, als ob sich die
US-Regierung vorrangig um die wohlhabenderen Menschen kümmerte, und
die Armen als unwichtiger deklassierte. Niemand hat dies klar gesagt, aber dies
war auch überflüssig. Die Bilder die uns via TV und andere Medien erreichten,
zeigten alleingelassene arme Familien, die sich nach der Katastrophe um sich
selber kümmern mußten.«

Kuba hingegen reagierte sofort. Schon nach Katrina hatten sie sofort ihre
Hilfe angeboten, geografisch liegt Kuba ja nahe New Orleans. Mehr als eintau-
send für solche Fälle ausgebildete und ausgerüstete Ärzte standen allzeit bereit.
Doch man wollte sie nicht. Fidel Castro persönlich reagierte verwundert: »Wir
wären nie darauf gekomen, daß der Präsident jener Nation unsere Hilfe brüsk
ablehnte und so den Tod von Tausenden Amerikanern, die gerettet hätte werden können in Kauf nahm. Der Fehler dieser Regierung lag vielleicht an der
Unfähigkeit zu verstehen, daß Kuba die US-amerikanische Bevölkerung nicht
als Feind sieht; es macht die Bürger nicht für die erlittenen Agressionen durch
ihre Regierung verantwortlich.«

In Haïti sind sie willkommen.

Hilfe, Hilfe? II

»Verständlich daß die Leute fragten: 'Wo bleibt die Polizei? Wo sind die Rettungstruppen? Wo die Feuerwehr?'. Haïti steckt voller NGOs. Das ganze Land ist privatisiert worden. Jeder, der das Land in den vergangenen Jahren besuchte, hat die vorbeirauschenden großen SUVs der UN-Truppen gesehen. Jede Hilfsorganisation von der Du je gehört hast, ist vor Ort. Doch wenn etwas so Gewaltiges eintritt, ziehen sie sich zuück und suchen erstmal ihre eigenen Leute, kümmern sich um ihre eigenen Angelegenheiten. Sie haben über Jahre die öffentliche Verwaltung ersetzt, also gibt es diese quasi nicht mehr. Es fehlt ihr an Kommunikationsmöglichkeiten, einem Netzwerk, finanzieller Unterstützung etc. Und diese Entwicklung geschah durch die Unterstützung der NGOs.« *(Bill Quigley)*

Der Musik-Schreiber Andy Kershaw war zwanzig Mal in Haïti. Hier eine Zusammenfassung seiner Eindrücke vom 21. Januar: *Hört auf diese Menschen wie Wilde zu behandeln.* »[Hier kommen die Helfer...] zahlreich und zum größten Teil zweifelsohne mit guten Absichten. Doch viele dieser Neuankömmlinge - Helfer, Journalisten, Diplomaten, Politiker und Soldaten - sind das erste Mal in Haïti. Man kann ihnen das nicht übel nehmen, aber ihre fehlenden Erfahrungen mit diesem Land und ihre Unkenntnisse über das Leben der Menschen dort, scheinen die Katastrophe eher zu verschlimmern, statt die Auswirkungen zu mildern.

Erschreckend das Vokabular der SprecherInnen vieler Hilfsorganisationen und des Militärs. Sie warfen mit Begriffen wie *Aufgaben, Vorgehensweisen* und *Logistik* um sich; damit meinten sie *Transport* und *LKWs*. Diese Besessenheit ist Zeugnis der Überheblichkeit und Karrieregeilheit vieler von ihnen, wenn auch nicht aller. Sie waren von den überwältigenden Ausmaßen der Krise so paralysiert, daß sie nur noch dumm daherschwätzen konnten.

Die NGOs und Militärs sollten schleunigst erkennen, daß ihre Hysterie über Sicherheit niemandem dient, und die Menschen in Haïti wirklich unterstützen. Diese sind Haïtis beste Hilfsquelle. Hört auf, sie wie Kinder zu behandeln. Oder noch schlimmer. Übergebt ihnen am Flughafen, was dort an Lebensmitteln lagert. Sie werden schon Wege der Verteilung finden. Füllt die Tanks ihrer Autos mit Sprit. Jede weitere Beschränkung und Kontrolle über die Lebensmittelvorräte ist ein Beweis, daß jene Sicherheits-Beschränkungen das Problem sind. Es sind doch die Haïtianer, die am Besten wissen, wo Hilfe gebraucht wird.

Doch die Armee der internationalen Presse, ahnungslos ob des Charakters der Einheimischen, zweifelt die Theorie der Sicherheitsbedrohung nicht an. Vor allem TV-Crews schöpften alle Möglichkeiten des Fernsehens aus, Trümmer zu zeigen und über *Sicherheit, Unruhen* und *Gewalt* zu schwafeln - auch wenn die Realität vor Ort eine andere Sprache sprach.

Die Menschen in Haïti sind äußerst emsig und immer beschäftigt, auch wenn es nur wenige formale Jobs gibt. Sie sind erfindungsreich, unverwüstlich, stolz und würdevoll. Bei all meinen Besuchen war ich immer wieder verblüfft, das sie nicht nur überleben, sondern funktionieren und, ab und an, geradezu aufblühen. (Im vergangenen Jahr stieg das Bruttosozialprodukt um 6%. Es ging bergauf, bevor das Beben sich an Haïti ausliess). Für mich ein Rätsel, daß ich nie lösen konnte, doch es ist eine Faszination, die mich immer wieder nach Haïti zieht: Es dürfte eigentlich nicht funktionieren, niemand kann erklären, wie und warum es funktioniert - aber irgendwie, so oder so, klappts. Und es wird wieder klappen. Nur ungern ziehe ich Bob Dylan in diese Geschichte, aber er hat es so treffend ausgedrückt: 'When you ain't nothin', you got nothin' to loose...'. Niemand versteht dies besser als die Haïtianer.«

Eine Woche nach dem Beben hatten die meisten Bedürftigen noch keinerlei Hilfskräfte gesehen, geschweige denn Hilfe empfangen. Das lag zum Einen sicherlich an der unfaßbaren Dimension der Bedürftigkeit, aber auch an Organisationskonfusion. *Mèdecins sans Frontiers* sprachen davon, daß das Chaos am Flughafen, der Disput zwischen den United S als Flughafenchefs und der United N als Hilfe-Verteiler, zu hunderten, wenn nicht tausenden von weiteren Trümmer-Toten führte. Innerhalb der ersten Woche hatte das massive Aufgebot an Rettungsteams (samt Medienvertretern) gerade 70 Menschen lebend aus den meist 'besseren' Trümmern wie den Hotels Christophe und Montana, die sich in der Nähe ihrer 'Sicherheitszonen' befanden, befreit.

»Wenn die Hilfe doch schon Mittwochs eingetroffen wäre,« so Sister Mary Finnick, »dann gäbe es im US-TV jetzt keine Berichte über Aufstände, Schießereien und was auch immer die Leute sehen wollen. Aber das hätte nicht sein müssen. Wenn sie die Möglichkeiten hätten, wären viele Menschen sofort hinaus aufs Land. Doch sie hatten keinen Sprit. Die Menschen hatten wirklich einen Plan - doch man ließ sie ihn nicht ausführen. So wachsen nun die

Spannungen. Wenn die Nahrunsgmittel endlich kommen, wirst Du schon eine Woche gehungert haben, Dein Kind stirbt an Unterernährung, da hilft auch kein Plan mehr. Ich befürchte, daß den US-Zuschauern nun gezeigt wird, was für eine undisziplinierte, fürchterliche Meute diese Haïtianer sind. Dabei wird es kaum ein Volk auf der Erde geben, das besser mit den Widrigkeiten der Armut umzugehen weiß. Seine Moral ist fantastisch. Tut mir leid, daß dies nicht im Fernsehen gezeigt wird, denn niemand war hier, um uns zu filmen. Niemand war Zeuge diese überwältigenden Selbst-Verwaltung. Alles was sie zu sehen bekommen ist Chaos. Eine Schande.«

Auch in den deutschen Medien hörten sich Kommentare zu (fast problemlosen) Lebensmittelausgaben oft so an, als vermisse man die Gewalt. Aber wie singt man schon länger auf der Nachbarinsel? »*United we stand, devided they fall*«. Bob sei Dank.

Zeichnung von Steve Bell / The Guardian

Hilfe durchs Netz

Je wè bouch pe
Augen sehen, der Mund schweigt

Justin Mullins berichtete im *New Scientist* (30.1.10) über die große Hilfe, die der Einsatz neuer Möglichkeiten des Internets - diesseits von Militär und offizieller Medien - für Haïti brachte. Sofort nach dem Beben streamten ungezählte Botschaften und Anfragen zum *Texting Service 4636*. Verschüttete Menschen, Meldungen von Quellen mit verseuchtem Wasser, Bitten um Nahrungsmittel und medizinische Versorgung wurden von hunderten Freiwilliger aus dem Creole und Französischen ins Englische übersetzt, mit einem genauen Ortshinweis versehen und an die Hilfsorganisationen vor Ort gemeldet.

Niemand dieser Voluntäre hielt sich auch nur in der Nähe von Haïti auf. Das *4636 Service* wird von *Ushahidi.com*, einer kleinen Organisation betrieben, die ursprünglich seit 2008 aus Kenia agierte, um dort Berichte über die Gewalttaten nach den damaligen Wahlen zu sammeln. Innerhalb weniger Tage nach dem Beben hatte sie ein Netzwerk von hunderten Helfern, vor allem in den USA lebenden Haïtianern, aufgebaut. In Haïti stellt Digicell, Haïtis größtes Mobilnetzwerk, das 24 Stunden nach dem Beben wieder zu 70% funktionierte, sein Service kostenlos zur Verfügung. Eine der ersten ihrer vielen Erfolge: eine Mail von einem Krankenhauses mit 200 Betten, ausreichend Ärzten, Betreuungspersonal und Medikamenten - aber ohne Patienten, das den meisten Hilfsorganisationen nicht bekannt war.

Eine andere NetzInitiative, *CrisisCommons*, erarbeitete innerhalb weniger Tage auf Grund von Satellitenbildern und Berichten von Menschen vor Ort eine neue, aktuelle Straßenkarte von Port-au-Prince. Diese OpenStreetMaps zeigen detailiert die Krankenhäuser und Hilfsstationen, den Zustand der Straßen und die ca. 5.000 zerstörten größeren Gebäude.

Diese soziale Medienrevolution ermöglicht ein *Crowdsourcing*, das Anzapfen eines globalen Wissenspools. Die meisten der Übersetzer von *4636* sind sich nie begegnet und befragten sich im Chatroom permanent gegenseitig um Rat.

Diese Web-Netzwerke können zwar keine Nahrungsmittel einfliegen oder vor Ort Wasser verteilen, doch sie bilden ein neue Ebene der Unterstützung.

Kay koule twompe solèy me li pa twompe lapali

Ein beschädigtes Dach kann die Sonne täuschen,
nicht aber den Regen verarschen.

Am Sonntag, 7.2., fiel der erste Regen, am 18. stand Port-au-Prince unter Wasser. Nach wie vor leben die Menschen im Freien, eingehüllt vom Staub - vor allem auch von pulverisierten Fäkalien. Schon vor dem Beben waren die sanitären Anlagen nach unsern Maßstäben haarsträubend. Nachdem es Wochen keine Wasserversorgung gegeben hat, und jeder Mensch seine flüssigen und festeren Duftmarken hinter jeder Mauer und jedem Strauch hinterlassen hat, drohen infektinäre Schlammmassen. Die jährlichen Regenfälle fangen traditionell im Februar an; die monatliche Regenmenge steigt bis April von 7 cm auf 15 cm und erreicht im Mai durchschnittliche 22 cm. Zwischen August bis Oktober erreicht die Orkansaison ihre Höhepunkte, auch in dieser Zeit ist mit 15 cm Niederschlag zu rechnen. Die geplanten provisorischen Plumpsklos werden die Nachfrage kaum befriedigen können, da sie schon nach dem ersten Regen überfluteten.

Hilfsbrocken

• »Gestern landete bei uns in Lèogane ein Hubschrauber der Mormonen mit Nahrungsmitteln«, berichtete Sister Mary, » Alt und Jung standen um ihn herum und warteten auf die Ausgabe. Doch dieser Helikopter hob plötzlich wieder ab und begann seine Ladung aus der Luft auf uns herabzuwerfen. Sie schmissen mit Brot um sich. *Das* war es, was die Menschen zum Zorn trieb; sie begannen zu schreiben, ein alter Mann weinte: »Wir sind ein stolzes Volk. Wir sind doch keine Hunde, denen man Knochen hinwirft«. Ich werde diese Szene nie vergessen, denn sie zeigt das Problem mit der Verteilung und den Hilfsmaßnahmen hier. Die Haïtianer werden von ihren 'Helfern' nicht als Menschen angesehen.

• Am 30. Januar haben die USA ihre Krankentransporte aus Haïti eingestellt. Man sei voll, sagte der Republikaner Crist. Er wisse nicht, wie teuer diese Hilfen den Staat Florida kämen. In finanzschwachen Zeiten befindet er sich gerade im Wahlkampf um einen Senatplatz. Da zählt jede US-Stimme mehr als ein Leben aus Haïti.

• Nach Katrina hatte die US-Regierung durch ihre Federal Emergency Management Agency 100.000 Campingwagen gekauft und verteilt. Schon nach kurzer Zeit klagten die neuen Bewohner über körperliche Beschwerden und zogen umgehend wieder aus. Der Grund: hohe Spuren von Formaldehyd. Diese Produkte der US-Industrie will man nun als Hilfe nach Haïti verkaufen.

• Statt dessen sollte man dem Land 10.000 Schubkarren schicken und an Nachbarschaft-Cooperativen verteilen, schlug John Maxell vor: »Laßt die Menschen selber entscheiden, wo sie diese wie einsetzen. Stellt ihnen 10.000 Straßenküchen hin oder Geld für solche und gebt jeder Nachbarschaftgruppe $200 für Vorräte. Innerhalb von drei Wochen würde kein normaler Journalist mehr seine üblichen Geschichte berichten können. Kosten für die Operation: $3 Millionen. Daneben könnten die UN eine wirkliche Sicherheits-Truppe zusammenstellen um die Haïtianer zu schützen, und vor allem auch ihren Präsidenten, damit unter seinen Anweisungen die wichtigen Institutionen gebildet und installiert werden können, die es den Bürgern von Haïti erlauben würde, ihr Land in Eigenregie zu verwalten.«

• Kanada und die EU haben pro Kopf der Bevölkerung mehr gespendet als die USA. Stünde ihnen da nicht auch eine größere Mitsprache bei der Organisation und Verteilung der Hilfsmaßnahmen zu? Dann würden nicht so viele Spendengelder auf US-Konten fließen.

»Die Spendenbereitschaft ist sehr erfreulich, aber sie hat etwas von einem Ablasshandel, als wolle man sich freikaufen von seinem schlechten Gewissen. Wir sind nicht schuld am Elend Haïtis, aber es geht uns an, denn Haïti ist neben Somalia das extremste Beispiel eines gescheiterten Staates, und ich fürchte, dass sein Beispiel Schule macht. Wichtiger als Geld ist, dass Haïti im Fokus des Medieninteresses bleibt - nicht nur dann, wenn dort Blut fließt.« (H.C. Buch)

Über das Spendensystem will ich mich hier aus Platzgründen nicht weiter auslassen. Nur soviel: Solange geprahltes Mitleid bei poschen Spenden-Galas, ohne Mitgefühl und Respekt für die Hilflosen, der Eigenwerbung dient, muß man sie nicht weiter kommentieren. Geld allein hilft nicht weiter. Drei Wochen nach dem Beben spielen Hunderte von Bands Benefits - leider viele, ohne Genaueres zu wissen, außer, daß man so in die örtliche Zeitung kommt. So las ich heute (6.2.) von einem erfolgreichen Konzert, bei dem €2600 eingenommen wurden. Zitat: *»Es gilt nun eine vertrauenswürdige Hilforganisation zu finden, die das Spendengeld erhalten wird.«*

- Und an der Heimatfront? Da wurde gerade die Entwicklungs-*Hilfe* abgeschafft. Der erste *Bundesminister für wirtschaftliche Zusammenarbeit und Entwicklung* Dirk Niebel hat am 22.1.2010 Änderungen in der Aufgabenstellung seines Ressorts angekündigt, es gehe selbstredend vorrangig um die Entwicklung der eigenen Wirtschaft. Das Ministerium sei jedenfalls kein »Weltsozialamt, wie manche dieses Haus in der Vergangenheit betrachtet haben«, sagte Niebel. Ihn interessiere die Frage, »was die deutsche Wirtschaft braucht, speziell der Mittelstand und die Pharmaindustrie, also diejenigen, denen die FDP nahe steht«. Die Kritik gilt unter anderem den 14 Millionen Euro, die der Minister aus dem Entwicklungsetat für den Ankauf deutscher Impfdosen zur Bekämpfung der Schweinegrippe in Afrika zur Verfügung stellt. Ein Kommentar: »Da wird etwas als Entwicklungshilfe ausgegeben, was im Grunde eine Hilfe für die deutsche Pharmaindustrie ist, die mit Armutsbekämpfung nichts zu tun hat«. Mal sehen, welche deutsche Firmen nun an der Haïti-Hilfe verdienen werden.

Hilfe aus Kuba, Venezuela und China ...

»Das Bild der haïtianischen Revolution ist vor allem in **Kuba** wirkmächtig. Speziell im Osten Kubas ist das Andenken an die haïtianische Revolution tief verwurzelt. Dorthin gelangte 1803 auch ein Exodus haïtianischer Flüchtlinge, die vor den napoleonischen Schlächtern geflüchtet waren. Die kubanische Unabhängigkeit wurde 1895 nicht zufällig zuerst im Osten erkämpft. 80 Prozent der Kämpfer hatten schwarze Hautfarbe. Genau in dieser Region begann auch Fidels Guerillakampf. C. L. R. James war es, der Fidel Castro einmal mit Toussaint L'Overture verglichen hat.« *(Ned Sublette)*

Haïtis Nachbarn sind völlig andere Wege gegangen. Nehmen wir Kuba, mit seinen vorbildlichen Standards der Ausbildung und medizinschen Versorgung, die sich auf viele arme Länder der Welt erstreckt, und dies trotz der jahrzehntelangen US-Blockade. Kuba hatte in Haïti über die Jahre eine funktionierende medizinische Infrastruktur aufgebaut. »Langzeit-Hilfe ist so viel besser. Als Beispiel: die Anwesenheit kubanischer Ärzte und die medizinische Ausbildung unserer Medizinstudenten.« kommentierte René Preval . Derzeit arbeiten 25.000 kubanische Ärzte (und fast so viele Lehrer) außerhalb ihres Landes. Kubanische Ärzte halfen nach dem Beben, schon bevor ihre US-Kollegen mit ihrer Ausrüstung im Flughafen festsaßen und u.a. auf ihre 'SicherheitsTruppen' warten mußten. Westliche Medien berichten jedoch weit mehr über die US-Militärs dals über die aktiven Helfer aus Kuba.

Am 24. Januar schrieb Fidel Castro: »Etwa 400 Ärzte und Pfleger helfen derzeit unentgeldlich den Menschen in Haïti. Unsere Ärtzte sind täglich in 227 der 237 Kommunen des Landes im Einsatz. [...] Selbstredend arbeiten unsere Mediziner mit ihren Kollegen aus verschiedenen Ländern wie Spanien, Mexiko und Kolumbien zusammen. Weitere befreundete Länder wie Venezuela haben Medikamente und andere Dinge beigesteuert. *Wir senden Ärzte, keine Soldaten!*« Die Erfolgszahlen der kubanischen Ärzteoffensive bis zum 1. Februar: 938 anwesende Mediziner, davon 280 Haïtianer, die in Kuba ausgebildet wurden. Sie haben bis dato ca. 50.000 Menschen behandelt, 3.400 Operationen durchgeführt, davon 1.500 aufwendige. Sie begleiteten 280 Geburten.

Derweil machten die USA Platz auf **Guantanamo** - für Haïti-Flüchtlinge. Ein Flugzeugträger war umgehend im Einsatz, um eine mögliche Flüchtlingswelle zu unterbinden. Diese bislang einmalige Luft-, Land-, und Wasser-Operation namens *Vigilant Sentry* (Wachsamer Posten) wurde gestartet, nachdem höhere US-Offizielle die Auswirkungen in Haïti mit den Folgen eines atomaren Angriffs verglichen. Auf Guantanamo sind 9.000 US-Soldaten stationiert. Sie verfügen über eine große Entsalzungsanlage und große Wasservorräte. Die hätte man, wie auch die vor Ort vorhandenen Räumungsfahrzeuge, sofort in den ersten Tagen nach Haïti schiffen können. Hätte geholfen und zudem das Image von Guantanamo, das ja allemal bald geräumt werden soll, geliftet. Doch die Chance wurde vertan.

Am 16. Januar bot **Senegal**s Präsident den Haïtianern freies Land an, so sie denn 'zu ihren Ursprüngen' zurückkehren wollen. Er betonte, daß die Menschen in Haïti Söhne und Töchter Afrikas seien, einige auch aus dem Senegal. »Wir bieten Grundstücke an, ja, bei großer Nachfrage auch ganze Regionen.« Jean Ping, Vorsitzender der *Afrikanischen Union*, sprach dieses Thema umgehend auf der diesjährigen Sitzung der AO in Addis Ababa an: »Aus einem Gefühl der Pflicht und des Gedenkens und der Solidarität heraus können wir diesen Vorschlag erweitern, und in Afrika die Vorrausetzungen schaffen, den zurückkehrenden Haïtianern eine neue Heimat zu bieten. Haïti war 1804 die erste schwarze Republik, die die Flamme der Befreiung und der Freiheit schwarzer Menschen hoch hielt und dafür bitter bezahlt hat.« Der anwesende UN Generalsekretär BanKi-moon ergänzte: »Die Nation Haïti ist durch einen Ozean von uns getrennt, doch ich weiß, jeder Afrikaner trägt sie in seinem Herzen.«

Der freie Markt der Religionen

Das Beben hat viele Gläubige, abgesehen von der materiellen und familiären Situation, in Verzweiflung gestürzt und in ihrem Glauben erschüttert. Wenn diese Katastrophe nun eine Strafe Gottes war, wie mancher Prediger das Thema erklärt, so bleibt natürlich die Frage: welcher 'Gott' oder gar 'welche Götter'? Der/die eigenen oder der/die der anderen? Das Beben hat einen Keil zwischen die verschiedenen Religionsgruppen getrieben; bestärkt durch den Fakt, daß christliche Missionen auch materiell besser helfen können.

Nach dem Beben kamen die Baptisten, Katholiken, Protestanten, Zeugen Jehovas, Scientologen, Mormonen und andere Missionare um die Heimatlosen zu füttern, die Kranken zu heilen und in den Flüchtlingslagern ihre Botschaften zu verkünden; in vielen Camps auch mit Hilfe dröhnender Lautsprecher.

Alle größeren religiösen Organisationen offerierten Hilfen, auch einige Gruppen mit Bekehrungseifer, wie die *Scientologen*. Schon in New Orleans waren sie aktiv aufgefallen - Hilfe durch Fingerauflegen. Denn, so R. Hubbard, 'Traumata' seien eine Verschwörung der Psychiater-Kaste und die scientologischen Techniken die beste Hilfe. Nun flog John Travolta seine Boing 707 eigenhändig nach Haïti. An Bord: Hilfsgüter und Mitglieder.

Der Verein *Faith comes by hearing* spendete 600 solarbetriebene akkustische Bibeln. Die *Church of the True Path* empfiehlt Haïtianern, ihren Körper durch Fasten zu säubern. Für Sekten ein potentielles Paradies.

Rev. Florian Ganthier, ein Protestant, bestätigte, daß seit dem Beben viele Vodou-Anhänger zu christlichen Gruppen übergelaufen seien. „Vodou-gläubige Menschen leben in einer Schattenwelt. Dieses Beben war ein Zeichen für alle, die Jesus Christ nicht in ihr Leben integrierten", gab er ganz aufklärerisch bekannt.

Vier Wochen nach dem Beben gab es in Port-au-Prince anläßlich des Nationalen Trauertages den Versuch einer gemeinsamen Veranstaltung einigen christlicher Gruppen und Vodouisten. Tausende standen auf den Trümmerhaufen ihrer Kirchen, in den Straßen, in den Parks und sangen ihre Hymnen. Präsident Préval mußte von seiner Frau getröstet werden, die Tränen flossen, und in einer seiner ersten Botschaften in diesen Wochen schluchzte er: „Der Schmerz ist zu schwer - Worte können ihn nicht beschreiben."

Lieber Gott böse? Verschobene Kinderschicksale

Piti se richès
Kinder sind Reichtum

Man fährt gute 90 min von Port-au-Prince bis zum 500-Seelen-Bergdorf Callabase. Ende Januar stiegen 10 Baptisten aus Idaho, fünf Frauen und fünf Männer, aus einem Bus und erklärten den Dörflern mit Hilfe von Isaac Adrien, der ihrer Sprache mächtig war, daß sie im Auftrag des Herren hier seien, um Waisenkindern zu helfen und ihnen ein 'neues Leben in Christi' zu ermöglichen. Bei einer Bürgerversammlung verteilten sie Flugblätter mit Bildern eines Hotels incl. Swimmingpool in der DomRep, in dem sie die Kinder unterbringen würden. Dazu der Text: „Wir lieben Gott, und er hat uns diese grenzenlose Liebe zu Kindern aus Haïti geschenkt." Kurz darauf wurden sie, mit inzwischen 33 Kindern - zwischen 3 Monaten und 12 Jahren alt - an Bord, beim Grenzübergang zur DomRep wg. fehlender Adoptionspapieren festgenommen. Zwischenzeitlich wurden acht entlassen, doch zwei dieser Amerikaner sitzen weiterhin im Knast; es wird gegen sie u.a. wegen Kidnapping ermittelt.

Nach zwei Wochen wurden auch polizeiliche Untersuchungen gegen ihren Anwalt Jorge Puello bekannt. Er wird mit internationalem Haftbefehl wegen Kinderhandels in El Salvador gesucht; er selber behauptet, daß es sich um einen Namensvetter handeln muß. Dem Richter fiel jedoch schon vor Bekanntgabe der neuen Verdachtsmomente gegen ihn auf, daß Puello in Begleitung von vier Leibwächtern erschien - auch in Haïti mehr als unüblich für einen Anwalt.

Klar ist jedoch, daß es sich bei dem Großteil der 20 in Callabasse aufgenommenen Kinder nicht um Waisen handelt, sondern daß diese von ihren liebenden Eltern aus Verzweiflung aufgegeben wurden. Maggie Moise ist die Mutter der 9jährigen Zwillinge Volmy und Kimley. Sie erzählte wie Adrien ihr Bilder gezeigt und versprochen habe, daß sie ihre Kinder jederzeit besuchen könne. Ihr und dem ganzen Land ginge es so schlecht, daß sie ihren Kindern nicht aus eigener Kraft helfen könne. Und dann mußte sie ein Papier unterzeichnen, das sie nicht lesen konnte.

Diese Praxis steht nun im krassen Widerspruch zu dem Programmpapier, dasdiese Baptisten dabei hatten: 'Haïtian orphan rescue mission'. Die Gruppe hatte für den Rundtrip DomRep - Kindereinsammeln in Port-au-Prince - und zurück, gerade einmal zwei Tage eingeplant; ein Beweis, daß sie sich mit der Lage vor Ort nicht auskannten. Sie kündigten an, allein gelassene Waisenkinder von der Straße holen zu wollen. Auch eine Fehleinschätzung, denn nur sehr wenige Kinder, die ihre Eltern verloren, blieben allein. Die meisten Haïtianer leben in erweiterten Großfamilien, sodaß kaum ein Kind, trotz Verlust der Eltern, ohne sozialen Anschluß blieb.

Schon vor dem Beben wurden jährlich geschätzt 2000 Kinder illegal aus Haïti in die DomRep verschleppt. Meist erhoffen sich die Eltern für ihre Kids eine bessere Zukunft, doch in zu vielen Fällen werden sie in den Westen zur Adoption verkauft oder landen als Arbeits- und Sexsklaven auf dem entsprechenden Markt. Diese Vorfälle sind auch den NGOs bekannt, und daher ist auch die Grenzpolizei sensibilisiert.

Die Chefin jener Gruppe ist die 40jährige Laura Silsby, aktive Baptistin aus Meridian, Idaho. Sie plante so einen Kindertransport schon vor dem Beben - doch seltsamerweise zeitgleich mit einem Beben der persönlichen Biografie. In just derselben Woche, in der sie festgenommen wurde, stand ein Gerichtstermin in Idaho gegen sie an. Im Dezember hatte sie ihre Internetfirma PersonalShopper.com schließen müssen und konnte offensichtlich mehreren finanziellen Forderungen von Kunden und Angestellten nicht mehr nachkommen.

In Haïti angekommen, telefonierte sie mit mehreren Waisenhäusern und erlitt einen Weinkrampf, als ihr niemand Waisenkinder überlassen wollte, da für diese schon gesorgt wurde.

Die von ihr teils für $100 gekauften 33 Kinder sind nun im SOS-Kinderdorf nahe Port-au-Prince untergebracht. Als die Kinder ankamen, trug jedes ein pinkes Klebeband mit seinem Namen. Sie waren hungrig, durstig, einige dehydriert. Über die Hälfte von ihnen waren von ihren Eltern weggegeben worden. Ein neunjähriges Mädchen erzählte einem Helfer, wie sehr sie sich freue, ihre Familie bald wiederzusehen. Sie wolle mit ihrem Vater zusammen sein, nicht jedoch mit der Mutter, denn „die hat mich weggegeben!" Wie ihr geht es einigen jener Kinder, die nun in ihrem Leben damit klarkommen müssen, daß ihre Eltern sie fortgegeben hatten.

Paraonia, Plünderungen & Korruption

> Wenn ein Minister in Haïti an einem Deal 15% einstreicht,
> nennt man das Korruption.
> Wenn sich eine NGO 50% nimmt,
> so sind dies allgemeine Unkosten.
> *Haïtianische Volksweisheit*

»Mitte des 19. Jh.s war die Handelsbilanz sehr unübersichtlich. Zum einen schätzte man den *Schleichhandel* (heute: Schmuggel) extrem hoch ein, zum andern schien der Handel nach offiziellen Zahlen zu stagnieren. Dazu der damalige *Guide to Haïti*: »Die offiziellen [Zahlen-]Listen fast aller Regierungen Haïtis sind unbrauchbar, da sie das Resultat einer berechneten Täuschung sind. Unter dem Kaiserreich z.b. erhielten die verantwortlichsten Zollbeamten einen Gehalt, der kaum genügte, ihren Cigarrenverbrauch zu decken. Daher wurden Schiffe, die Tausende von Thalern als Zoll hätten bezahlen sollen, als mit Ballast angekommen bezeichnet. Die Controleure wurden reich im Verlauf kurzer Zeit, dank des Ballastes!« *(Tippenhauer)*

CNN ließ 2010 sehr schnell Hilfsarbeiter von Plünderungen erzählen, die in den ersten vier Tagen erfolgt seien - dabei standen sie in keinem Verhältnis zu jenen nach Katrina. Die erste Plünderung die mir im TV präsentiert wurde, zeigte eine Frau mit einer aus den Trümmern eines Geschäftes gezogenen Tüte mit Milchpulver ...

Als Obama verkündete, man würde aggressiv helfen, meinte er genau dies, und schickte Truppen. »Unheimliche Geschichten von Plündereien und Gangs schienen Sicherheitsexperten wie dem Fachmann Stuart Page aus London recht zu geben, der als BBC-Sicherheits-Korrespondent verkündete, all die 'Ordnungsbemühungen der vergangenen Jahre könnten nun zunichte gemacht werden ... Die kriminellen Gangs, 3000 von ihnen, werden die gegenwärtige humanitäre Krise maximal ausnützen'. Reporter mit mehr Überblick widersprachen ihm auf Grund ihrer Beobachtungen. Sie reagierten peinlich berührt bis empört auf die Ankündigung, das Land würde nun 'in Anarchie versinken'. Doch David Belle, Chef des Ciné Instituts Haïtis inisstierte am 17. Januar: »Nichts könnte realitätsfremder sein, als die Mediengeschichten von Plündereien, Gewalt und Chaos... Die Würde und die Ehrbarkeit der Überlebenden angesichts dieser Tragödie ist phantastisch.« Drei Tage später bestätigte Navy Rear Admiral Rogers, daß es trotz vereinzelter Zwischenfälle bei Essensausgaben »nirgendwo Sicherheitsprobleme gäbe, die unsere Möglichkeiten herausfordern würden.«

In Leogane und Port-au-Prince waren 20 Rettungshelfer aus Island im Einsatz, die mit ihrer Spezialausrüstung einige Leben retten konnten. Nach 12 Tagen haben sie noch nichts von der Gewalt erlebt, von der in den Medien zu lesen ist. Ganz im Gegenteil, haben sie bislang nur Dankbarkeit, guten Willen und Kooperationsbereitschaft erlebt. Seltsam, wie die Medien die Situation schwarzmalen, wo sie doch so viele aufbauende Geschichten menschlicher Würde aus den Ruinen dokumentieren könnten/sollten/müßten.

Das Rechtssystem & das ex-Gefängnis

Man konnte es den Medien entnehmen: Den im *National Penitary,* dem einzigen Gefängnis des Landes, Inhaftierten - anfangs war von 3.000 die Rede - verhalf das Beben zur Freiheit; d.h. einige Zellen wurden zerstört, die Befreiten überwältigten die Wärter, schlossen alle Türen auf und verbrannten alle Gefängnisakten. Man stelle sich einmal die Paranoia bei uns vor, plötzlich seien alle Knackis auf freiem Fuß! Und alle Justizunterlagen seien für immer verschwunden...

Doch auch so eine Meldung relativiert sich in der haïtianischen Realität. Die Mehrzahl der Bevölkerung nahm die Zerstörung des *Penitentiare National* mit großer Freude auf, repräsentierte für sie diese Anlage doch die Schattenseiten der Macht, als Ort jahrzehntelanger Folterungen und Ungerechtigkeiten.

Der führende haïtianische Menschenrechtsanwalt Mario Joseph klärt auf: »Im Nationalgefängnis waren rund 4.000 Menschen inhaftiert, von denen zwischen 60 und 80% nie angeklagt oder verurteilt wurden. Eine Untersuchungshaft ohne Beweise dauerte im Schnitt 12 Monate, manchmal wurden auch zwei Jahre oder mehr unschuldig eingesessen; bestenfalls 10% waren rechtskräftig Verurteilte. Wenn ein Verdächtiger von den Autoritäten nicht habhaft gemacht werden konnte, knastete man statt dem Schuldigen einen Angehörigen ein. Mit einer Mehrheit an Unschuldigen unter den nun befreiten, kann man der Zerstörung des Gefängnisses durchaus positive Aspekte abgewinnen. Wie man in Frankreich sagt, manchmal sind schlimme Dinge auch gut. Ein Beispiel hierfür ist das Schicksal des politischen Gefangenen Ronald Dauphin. Sechs Jahre saß er ohne Anklage ein. So wie ihm erging es einigen.«

Bleiben 400 potentielle Gewalttäter, die nun frei herumlaufen, d.h. höchstens 399, denn ein Ganove namens Blade hatte vor seiner Inhaftierung Menschen terrorisiert, er kidnapte sie und tötete mit dem Messer. Als er nun wieder in Freiheit auftauchte, wurde er von den Menschen erkannt, umgebracht und mit der Machete zerstückelt. Ein Großteil seiner Kollegen gehören Gangs an, die sich erneut blutige Auseinandersetzungen liefern und sich selbst dezimieren.

Hunderte von UN-Truppen, unter ihnen vor allem Brasilianer, versuchen für Ordnung und Sicherheit zu sorgen. Ihr Problem bei Festnahmen: Es gibt kein Gefängnis mehr, in das man Rechtsbrecher stecken könnte.

Von Südamerika via Haïti in die USA: immer die *line* lang

Vor gut zehn Jahren unternahm Ben Fountain einen wunderschönen Tagesausflug von Port-au-Prince nach Kenscoff. Er kannte die Szenerie von vormaligen Fahrten. Groß war sein Erstaunen, als er nicht wie erwartet auf großflächige, terassierte Felder und Wäldchen schaute, sondern sich am Hang und auf den Hügeln Villa neben Villa breitgemacht hatten. Als habe man den architektoralen Bombast aus Dallas in die haïianischen Berge verpflanzt. Was war geschehen? War man auf Öl gestoßen?

Im Jahr 1993 schrieb John Kerry, damals Chef des US-Senat Untersuchungskomittees 'Terrorism, Narcotics and International Operations', »Zwischen kolumbianischen Drogenkartellen und dem Militär von Haïti entstand eine höllische Partnerschaft von Kokain und Dollars.« Zu jener Zeit war Haïti auf dem Weg, größter Umschlagplatz des weißen Pulvers für den unersättlichen US-Markt zu werden. Obschon die Akteure im Laufe der Jahre wechselten, stiegen die jährlichen Umsätze in die $-Milliarden. In wohlhabenden Ländern wäre die Politik schon vor Jahren dagegen eingeschritten, hier marschierten und marschieren viele Politiker und Militärs und Polizisten 'immer die *line* lang', unter ihnen schon 1991 Col. Joseph Michel François, Chef der Polizei von Port-au-Prince, sowie sein dubioses Netzwerk von Soldaten und paramilitärischen Attachés. Im Jahr 2000 sollen 75 t Kokain Haïti durchlaufen haben. Aristides zweite Amtszeit als Präsident war gezeichnet von stark ansteigenden Drogen-Korruptionsfällen und offener Gewalt. Die Pusher fanden sich im innersten

Machtapparat: Der Chef der Sicherheitstruppen des Nationalpalastes, der Chef der Nationalen Polizei, der Vorsitzende der Untersuchungsgruppe der Nationalpolizei, sowie der Senatspräsident gehören zu denen, die von den USA festgenommen und verurteilt wurden.

Selbst wenn Präsident Préval inerhalb seiner Möglichkeiten die Anstrengung unternahm, diese Multi-Dealerei zu unterbinden, konnte er vor dem Beben wenige Erfolge vorweisen. Auch hier haben die US-Konsumenten ihre Finger in der Tragik des Landes, denn ihr Suchtverhalten ist letztendlich für diese Situation verantwortlich.

Eine seltsame Situation: Es führt eine dicke weiße Linie direkt vom Kokser in den USA zu den Verhältnissen in Haïti. Das reichste Land der Welt und das ärmste sitzen gemeinsam in der selben Falle, die da 'War-on-drugs' genannt wird. Niemand wird so naiv sein und hoffen, daß der US-Kokser aus Solidarität mit den Opfern in Haïti seine Nase nicht mehr pudert - solidarische Kokser sind selten. Aber es wäre zu naiv, wenn die USA dieses riesige Problem bei einem geregelten Neuaufbau Haïtis und die Rolle, die die US-Bürger dabei spielen, verdrängen würden. Wer übernimmt hier Verantwortung?

Pat R. - The White Devil Ich gebe zu, es sträubte sich in mir, diesen Text zu übersetzen, widerstrebend erledigte ich das spät abends. Am nächten Morgen gab der Computer die Übersetzung nicht mehr her. Ich versuchs kein zweites Mal, also hier die Meldung im Originalspeak: Pat Robertson suggested Wednesday (January 13th) on his *Christian Broadcasting Network show* that Haïti deserved the recent devastating earthquake because they had made a *«deal with the devil: Something happened a long time ago in Haïti, and people might not want to talk about it. They were under the heel of the French. You know, Napoleon the third, or whatever. And they got together and swore a pact to the devil. They said, we will serve you if you will get us free from the French. True story. And so, the devil said, okay it's a deal.*
And they kicked the French out. You know, the Haïtians revolted and got themselves free. But ever since they have been cursed by one thing after the other. Desperately poor. That island of Hispaniola is one island. It is cut down the middle on the one side is Haïti the other is the Dominican Republic. Dominican Republic is prosperous, healthy, full of resorts, etc. Haïti is in desperate poverty. Same island. They need to have and we meed to pray for them a great turning to god and out of this tragedy I'm optimistic something good may come.«

104

Sicherheit statt Hilfe?

„Was Schwierigkeiten angeht, so waren wir den anderen immer voraus."

Haïti wurde schon immer in den Medien dämonisiert, ausländische Botschaften waren ob ihrer Staatsangehörigen besorgt.

Doch tatsächlich kommt es in Haïti zu weniger Vorfällen als in vielen anderen karibischen Staaten. Natürlich ist vor allem in Port-au-Prince eine gesunde Vorsicht geboten - Taschendiebe gibt es überall. Doch sollte es zur Tageszeit auf der Straße einmal zu Schwierigkeiten kommen, ist es wahrscheinlich, daß sich Passanten einmischen und Dir hilfreich zur Seite stehen. Als Weißer wirst Du immer wieder angestarrt, Kinder laufen *Dollar* oder *blan! blan!* rufend hinter Weißen/Fremden her; ist nicht beleidigend gemeint, ein Antwortlächeln kann Wunder wirken. Denke immer daran: diese Menschen sind neugierig, nicht bedrohlich. Wenn jemand mit der Hand eine Kopf-ab-Schnittbewegung am Hals macht, will er nicht Deinen Kopf: er hat 'nur' Hunger.

Es ist wie fast überall: Begrüße die Menschen respektvoll, und Du wirst ein willkommenes Lächeln ernten. Meide die Ghettos, wenn Du nicht willkommen bist - wenn Du keine Einladung hast bzw., in örtlicher Begleitung bist.

Wer hat Angst vorm Schwarzen Mann?

Muß man sich daran gewöhnen? Wie schon im Irak und in New Orleans kreisten sogleich die Geier privater Sicherheitsfirmen über den Krisengebieten, nicht zuletzt wegen der von den Medien geschürten Plünderer-Hysterie. Jeremy Scahill berichtete, wie er in New Orleans israelische Sicherheitstruppen am Eingang eines Wohlhabenden-Viertels Wache schieben sah. Sie arbeiteten für die *Int. Peace Operations Assc.*, eine Firma mit geradezu Orwell'schem Namen. Zu dieser IPOA gehörte auch lange Zeit die Fa. *Blackwater*, bevor sie im Irak für zu gräßliche Schlagzeilen sorgte. Nach Katrina säckelte Blackwater von der Homeland Security noch $70 Millionen ein, sie kassierten pro Mann und Tag vom Steuerzahler stolze $950. Ned Sublette traf in New Orleans auf ein paar Blackwater-Jungs: »Sie waren sehr höflich. Ich hörte ihre Unterhaltung mit. Einer erzählte gerade, daß er schon in Afghanistan, Irak, Bosnien und Haïti war. 'Haïti war das Schlimmste'.« Das war drei Jahre vor dem Beben.

Blackwater ist auch wieder in Haïti vor Ort, mindestens als Schutztruppe eines US-Medienunternehmens.

Die erste prominente Rolle spielten diese Privatfirmen unter Clinton - ausgerechnet nach dem blutigen CIA-Putsch gegen Aristide im Jahr 2004. Zur Zeit des Umsturzes wurde Aristide von der San Francisco Firma *Steele Foundation* bewacht.

Drei Tage nach dem Beben sicherte sich eine Firma aus Florida die URL *Haïti-Security.com*. Ihr Versprechen: »professionelle Sicherheit gegen jeden Angriff auf Eigentum in Haïti. Arbeitsplätze und Versorgungsfahrzeuge werden gegen Plünderer und Vandalen geschützt«.

»Viele dieser Sicherheitsleute haben offensichtlich Angst vor den Opfern. Angst vor diesen unverwüstlichen, kooperativen und freigiebigen Menschen, die auf sich gestellt überlebt haben. Diese Militarisierung und Ängstlichkeit, diese Angst vor den betroffenen Menschen, das ist etwas, was man heute bei allen Katastrophen findet.« *(Bill Quingley)*

Der ehemalige Verteidigungsminister von Haïti, Patrick Elie, hat vor der Militarisierung der Erdbenhilfe gewarnt, nach dem Washington betätigte, 12.000 US-Truppen wären in und um Haïti im Einsatz. Er sagte: »Es gibt keinen Krieg hier. Wir benötigen nicht so viele Soldaten.« Danach wurde ihr Kontingent auf 20.000 aufgestockt.

Nachdem die US-Truppen, welche den Flughafen übernommen u.v.a. zwei mexikanische Maschinen mit Hilfslieferungen abgewiesen haben und auch mehrmals Frachtflugzeugen von *Ärzte ohne Grenzen* keine Landeerlaubnis erteilten, sagte der ehemalige Minister: »Die Entscheidung, wer am Flughafen landen darf und wer nicht, sollte durch Haïti entschieden werden. Sonst ist es eine Machtübernahme, und die Bedürfnisse der Haïtianer werden nicht berücksichtigt.«

Man kann von einem weißen GI nicht erwarten oder gar verlangen, daß er auch nur eine Ahnung von der Lebensrealität eines Menschen aus Haïti hat, oder daß er dessen Gefühle nachvollziehen könnte. Und jene werden kaum verstehen können, warum diese Soldaten bei dem heißen Wetter so schweißtreibend vermummt rumlaufen und sich an Knarren festhalten, obwohl sie mit ihren starken Händen überall gebraucht werden.

Derweil beschlossen die Außenminister der EU, weitere 300 EU-Polizisten nach Haïti zu senden. Nur Großbritannien verwies auf die ausreichende Präsenz der US-Amerikaner hin und verweigerte seine Unterstützung.

UrlaubsParadies II - not lost,

aber hinter Stacheldraht und nicht für Deutsche

Das Beben war für die Reiseveranstalter *Royal Caribbean* kein Grund, irgendwelche Reisepläne zu ändern, schließlich war ihr Privat-Strand von Labadee nicht vom Beben betroffen und gut bewacht. Immerhin gab es an Bord der Schiffe eine Ansage. »Irgendsowas. Es ging um Mitgefühl und um Hilfe für die Gemeinde. Wer wolle, der könne einen kleinen Zusatzbetrag als Spende auf die Rechnung setzen lassen«, berichtete ein Tourist.

Die Verantwortlichen fanden es völlig OK, daß ihr Schiff *The Independence of the Seas* mit 4.370 Fahrgästen auch direkt nach dem Beben Labadee anliefen; die *Navigator of the Seas* folgte am 19.1. mit weiteren 3.100 Passagieren.

Den Vorschlag, den Tourismus eine Weile einzustellen, kontert der Chef der Handelskammer der Nordprovinz: »Das wäre, als hätten die Amerikaner nach dem Terroranschlag auf das World Trade Centre erst einmal Las Vegas geschlossen.«

Royal Caribbean hat insgesamt 55 Millionen Dollar in seine Anlagen, den Ausbau des Strandes, einen neuen Pier etc. gesteckt, die Hälfte davon als versteckten Kredit, den Haïti zurückzahlen muß. »Das meiste Geld allerdings bleibt in ausländischer Hand. Denn weiter als die Bucht hinauf kommen die Kreuzfahrtgäste nicht. Dabei errichtete Christopher Kolumbus wenige Kilometer entfernt die erste europäische Siedlung in der Neuen Welt«. Der Weg dahin ist für weiße Paranoiker jedoch durch *Afrika* verbaut.

Die Anlage unterstütze doch arme Menschen, hieß es. Schließlich beschäftige man innerhalb des stark abgeschirmten Privat-Geländes 230 Hilfskräfte und 270 Händler des örtlichen Kunsthandwerkes und Haarknüpferinnen. Es ist nicht bekannt, woher genau das Bordpersonal stammt, traditionell vom globalisierten Arbeitsmarkt, aus armen Ländern. »Die Gäste freuen sich, mit ihrem Urlaub das Leid tilgen zu können«, hieß es aus der Firmenleitung. Klingt wie eine Traumreise, doch rund ein Viertel jener Gäste scheint es vorgezogen zu haben, an Bord zu bleiben; einer berichtete, es sei ihm kotzübel. Ein Fahrgast postete auf der Kritikseite des *Cruise Critic Internet Forum*: »Ich kann mich einfach nicht dabei sehen, den Strand zu genießen, im Wasser zu planschen, mich beim Barbecue abzufüllen und am Cocktail zu erfreuen, wenn in Port-au-Prince tausende von Toten an Straßenrändern gestapelt werden, während die

Überlebenden betäubt nach Wasser und Nahrung suchen.« - »Einige Fahrgäste haben wohl Schiß, daß Verzweifelte die 4 Meter hohen Zäune überwinden um an Essen zu gelangen, doch andere wollen nur ihre Ferien genießen«.

Es gab Zeiten, in denen es korrekt hieß 'Reisen erweitert den Horizont' - doch das gilt in Zeiten, in denen Reisende gezielt von der Begegnung mit so etwas 'depressivem', wie regionalen Realitäten und den in diesen lebenden Menschen, abgeschottet werden (wollen?) wohl nicht mehr.

Ich ging ins örtliche Reisebüro und fragte nach Haïti-Urlaubsmöglichkeiten. Die Mitarbeiterin suchte verzweifelt und erfolglos in diversen Karibik-Angeboten - da war Haïti touristisch ein weißer Fleck. Ihre Chefin klärte uns auf:»Haïti ist doch kein Touristikland!« Nicht für Deutsche zumindest.

Der Deutsche Reiseverband und große Reiseveranstalter geben (via Focus online) trotzdem Entwarnung: Deutsche Karibik-Pauschalurlauber sind von dem schweren Erdbeben in Haïti nicht betroffen. Wie ein Sprecher des Deutschen Reiseverbands am Mittwoch (13.1.!) in Berlin sagte, hatte das Erdbeben in der an Haïti angrenzenden Dominikanischen Republik keine Auswirkungen. Haïti selbst sei seit Jahren wegen Reisewarnungen des Auswärtigen Amtes ohnehin kein Ziel von organisierten Urlauben deutscher Reiseveranstalter.

Sprach- und Kommunikationsprobleme - damals wie heute
Vor gut 100 Jahren war Offizier Hans Paasche der einzige deutscher Militär der kaiserlichen Kolonialtruppen in Ost-Afrika, mit vor dem Einsatz erlernter Suaheli-Sprachkenntnissen (»Wir sollten doch voneinander lernen!«), für Volk & Vaterland in den Kampf gezogen. Das sinnlose Morden widerte ihn an. Er erkannte: »Es ist zweifelhaft, ob es Feinde gibt«. Afrika öffnete ihm die Augen, er ließ sich auf die Besetzten ein, tanzte mit ihnen - er wurde überzeugter Abstinenzler und Lebensreformer, mutierte im Laufe der Zeit zum Pazifisten und Provo: »Wir halten wirklich vieles für gut, was in Wirklichkeit schädlich wirkt.« Er schrieb die Briefe des fiktiven Afrikaners *Lukanga Mukara*.
1916 als Offizier unehrenhaft ins Irrenhaus gesteckt, wurde er am 9.11.1918 von den Aufständischen befreit, sofort in den Reichstag gefahren und dort in selbigen gewählt. Seine Forderungen, wie z.B. die Sprengung der 'Siegessäule', war jedoch selbst für viele Revolutionäre zu radikal. 1920 wurde Paasche vor den Augen seiner Kinder von Faschisten abgeschlachtet.

Musik II

Mimerose und Lolo Beaubrun: Stimmen der Hoffnung in Haïti

Ende Januar besucht John Burnett die Gründer der Gruppe *Boukman Eksperyans* in deren Garten in Port-au-Prince. Sie proben gerade mit jungen Musikern ein Lied Lolos, über »das Ding, das uns widerfahren ist«. Nicht einmal fällt an dem Nachmittag das Wort *Erdbeben*. »Wir weinen viel. Wenn man das Land gesehen hat, muß man über diese Traurigkeit hinwegkommen,« sagt Boukman, und seine Frau Mimerose ergänzt: »Wir sind Haïtianer. Wir tragen immer eine große Freude tief in uns. Diese Freude, selbst angesichts unseres Elends, unserer Armut - sie gibt uns Kraft. Kraft, das Land neu aufzubauen. In Haïti lernt man singen, wenn man noch winzig ist und von der Mutter auf den Schoß genommen wird. Sie versorgt Deinen Körper mit Rhythmus. Sie balanciert Deinen kleinen Körper für Dich und läßt Dich so tanzen. Die Kleinkinder fangen auf den Knien ihrer Mütter sitzend an zu singen und zu sprechen. In Haïti singen wir viel für kleine Kinder, manchmal komponieren wir ihnen ein eigenes Lied. Wenn sie noch klein sind, geben wir ihnen Namen, die sie beschreiben. Wenn es ein glückliches Kind ist, bekommt es einen Namen und dazu ein kleines Lied, zu dem es tanzen kann. Das Kind weiß Bescheid, ist sich bewußt, daß es sich um sein Lied handelt.

Tanz ist Bewegung. Du bewegst Dich in ein Liebesverhältnis mit Deiner unmittelbaren Umgebung hinein, du bist zärtlich zu ihr. Wann auch immer ein Mensch anmutig tanzt, so wird er von den Göttern, den Unsichtbaren, gekitzelt. Der Tanz zeigt, inwieweit sich der Mensch harmonisch in/mit seiner Umwelt bewegt. Tanz ist wundervoll. Ich liebe es zu tanzen. Der Tanz mag Dich in Trancezustände führen. Tanz ist eine Tür. Solang Du im Tanz aufgehst, wirst Du Neues entdecken.‘

Die Beaubruns gehören mit ihrer 12-köpfigen Band zu den beliebtesten Musikern des Landes und begeistern auch eine globale Fangemeinde. Sie versprühen einen Mix aus traditionellen Gesängen, Rock und Reggae, mit Trance-Trommeleien, die ihren Ursprung im Vodou haben, und kreischenden E-Gitarren. Sie gehören zu den Vorreitern der nationalen back-to-the-roots-Bewegung. Doch kann man bei ihnen auch Einflüsse von Bob Marley, James Brown und Jimi Hendrix heraushören, wie ihre Band-Name schon andeutet.

Sie sangen seit ihrer Gründung vor 21 Jahren immer wieder gegen Diktatoren an und mußten das Land 1991 wegen ihrer politischen Musik, zu der man tanzen konnte, verlassen. Doch nun schöpft Lolo Hoffnung. »Wir sehen zerbrochene Symbole. Der Präsidenten-Palast, der Palast der Justiz, das Staatsgefängnis und Justizgebäude - alles in Schutt und Asche. Wir sehen das. Wir haben doch schon vor langer Zeit über eine neue Gesellschaft geredet.« Er erklärt, daß diese dramatischen Bilder des Einsturzes von Gebäuden, die eine unfähige und korrupte Elite beherbergten, in ihm Hoffnung auf eine neue Gesellschaft aufkommen lassen. Wie wohl seine Version von *'Marmor, Stein und Eisen bricht ...'* klingen würde?

Der Name Boukman wurde vom Vodou-Hohepriester Dutty Boukman, der mit einer Zeremonie 1791 die Haïtianische Revolution entfesselt haben soll, übernommen. So singen sie: »Laß Dich nicht entmutigen. Versenk Dich in Dir und nimm mit Deinem Spirit Kontakt auf. Er wird Dir all den Glauben spenden, den Du zum Überwinden dieser Probleme brauchst.«

Das kulturelle Erbe - unter Trümmern

Von der Galerie d'Art Nader, dem Herzen der zeitgenössischen Kunst von Haiti, hatte man einen wunderschönen Blick auf Port-au-Prince. Doch auch die ehemals dreistöckige Galerie ist nur noch ein Schutthaufen. Von den 12.000 Bildern der größten Sammlung haitianischer Kunst konnten nur noch 2.000 gerettet werden. Nader war beileibe nicht die einzige zerstörte Galerie, aber eben die größte und bedeutungsvollste. Die Naders, beide 79, überlebten das Beben im einzige erhaltenen Raum ihres Hauses - dem Schlafzimmer. Nader jr. flog umgehend aus N.Y. ein, um aus den Trümmern u.a. noch einige Bilder von Hector Hyppolite zu retten. Auf dem Papier beträgt der Verlust ca. $30 Millionen, doch die Bilder, und damit ein großer Teil haitianischer Kunstgeschichte, gingen unwiderruflich verloren.

Inzwischen sieht man die ersten Spuren der Inspiration, die das Beben einigen der örtlichen Künstler gab, zum einen Graffitti, zum andern Gemälde von den Zerstörungen, Gesichter von Verschütteten, sich aus den Trümmern reckenden Händen. „Wir werden unsern Kindern zeigen, was hier geschehen ist. Dies ist Teil unserer Geschichte", sagte Elise Francisco, von der einige Bilder in den Trümmern der Naders verschwunden sind.

Warum Haïti zu arm dran ist –
aus karibisch-afrikanischer Sicht

Es verwundert nicht, daß sich die afrikanische Medien-Sicht auf Haïti von der westlichen unterscheidet. Ich fasse hier einen mehrseitigen Beitrag von Clayton Goodwin, dem ehemaligen Herausgeber des *Caribbean Handbook*, stark zusammen, der in der Ausgabe vom Februar 2010 des Magazins *New African* abgedruckt war. Ich beschränke mich dabei vor allem auf Aspekte, die im vorliegenden Buch bislang zu kurz kamen oder noch keine Erwähnung fanden.

Die Titelgeschichte dieser *New African*-Ausgabe ist einem Jubiläum gewidmet: Im Februar 2010 war es genau 125 Jahre her, daß sich die westlichen Kolonialmächte auf der *Berliner Afrika-Konferenz* diesen Kontinent aufteilten, d.h. durch grade Striche auf einer Landkarte Familien und Völker trennten, die bis heute darunter zu leiden haben.

Die Weltmedien haben seit dem Beben am 12. Januar gebetsmühlenartig darauf hingewiesen, daß Haïti das 'ärmste Land er westlichen Hemisphäre' sei. Das war es nicht immer - also drängt sich die Frage auf, wie es dazu kam.

Die Welt kennt Haïti vor allem aus dem James Bond Film *Live and let die*, und dem als *The Comedians* verfilmten Roman von Graham Greene. Sowas prägt. Dazu blieben Bilder von den Sonnenbrillen tragenden Toutons Macoutes, den Flüchtlingen und HIV-Aids-Erkrankten hängen.

Als Land hat Haïti in den vergangenen Jahren kaum Spuren auf dem Radar des globalen Bewußtseins hinterlassen. Ein Reporter meinte, Haïti sei 'vom internationalen Radar verschwunden'. Doch dem war nicht immer so.

Als vor 500 Jahren Kolumbus und seine Mannen auf die Taínos - ein Zweig der Arawak - stießen und sie zur Zwangsarbeit in Goldminen zwingen wollten, stießen sie auf Widerstand; doch dieser war spätestens nach der öffentlichen Hinrichtung ihrer Königin Anacona (etwa 1504) gebrochen, und eine Generation später waren die Taínos verschwunden.

Afrikaner wurden als Zwangsarbeiter importiert, 1790 schaffte man die Sklaverei ab. Napoleon Bonaparte wollte diese durch seinen Schwager General Leclerc wieder einführen. Dieser schlug Napoleon Genozid als Lösung vor: alle über 12jährigen Schwarzen in den Bergen und die Hälfte deren in der Ebene zu töten - bevor er selben an Gelbfiber starb. Seine ebenfalls vom Geldfieber dezimierten Truppen mußten sich erneut auf Verhandlungen einlassen. Toussaint

L'Overture wurde hinterhältig zu 'Verhandlungen' nach Frankreich gelockt, wo er 1803 ungeklärt in Haft verstarb. Sein Nachfolger, Jean-Jaques Dessalines, beendete dessen Mission durch einen Sieg in der Schlacht bei Vertiers, und 1804 wurde in Haïti die Unabhängigkeit ausgerufen. Entgegen der westlichen Geschichtsschreibung handelte es sich nicht um die 1., sondern um die 2. Unabhängigkeit eines schwarzen Staates: schon 1595 war es in Palmares, im Norden Brasiliens, zu einem erfolgreichen Sklavenaufstand gekommen, nach dem sich die Sieger als 'unabhängig' erklärten.

In Haïti erklärte Dessaline am 1. Januar 1804: »St. Domingo erklärt seine Unabhängigkeit. Nachdem wir unsere einfache Würde wiedererlangten, erklären wir unsere Rechte; wir schwören, sie keiner Macht auf der Erde zu übertragen. [...] Kein Kolonialist oder Europäer soll mehr seinen Fuß auf unser Territorium setzen, der mit Bezeichnungen wie Master oder Landeigentümer daherkommt. Diese Resolution wird in Zukunft die fundamentale Basis unserer Verfassung sein.«

Frankreich fühlte sich durch diese Verlautbarung brüskiert und weigerte sich, wie die USA, diese neue Nation anzuerkennen. Frankreich zwang Haïti zu einer 'Wiedergutmachung', nach heutigem Geldwert, von $22 Milliarden, um 'frei' zu werden. Ein Großteil des Geldes kam nicht etwa den ausgebeuteten Sklaven zugute, sondern den ehemaligen französischen Sklavenhaltern und Plantagenbesitzern.

Der haïtianische Widerstand brachte Frankreich in finanzielle Schwierigkeiten, sodaß sie sich schon am 20. Dezember 1803, ganze 11 Tage bevor Haïti seine Unabhängigkeit erklärte, gezwungen sahen, ihre großen Besitzungen (800.000 m²) um New Orleans an die USA zu verkaufen.

Selbige USA waren erstmals schon 1789 unter George Washington (erfolglos) in Haïti einmarschiert, um den Boukman-Aufstand niederzuschlagen. Bis zum Einmarsch unter Präsident Woodrow Wilson im Jahr 1915 hatten die USA weitere 27 Mal militärisch auf der Insel interveniert. Nach der Invasion von 1915 zwangen sie den Haïtianern absolut undemokratische Gesetze auf, unterdrückten das Land in einem Maße, daß die Unabhängigkeit zu einem schlechten Witz degradierte. Mit Hilfe örtlicher Kollaborateure versuchten sie ihr Bestes, die stolzen Menschen und die wunderschöne Insel als Selbstbedienungsladen auszubeuten, ja, zu einem 'karribischen Bantustan' verkommen zu lassen.

Es ist ein Fakt, daß die USA die Revolution von Haïti nie in einem positiven Licht erscheinen lassen wollten. Solche Gedanken wurden als schlechtes Beispiel für die große Anzahl von Sklaven im Süden der USA gesehen.

In den vergangenen 160 Jahren kam es immer wieder zu Umstürzen und vielen, meist nur kurzfristig regierenden, gewalttätigen Regimen. Manchmal waren die Gründe der Unruhen ethnische - Schwarze gegen Mulatten; manchmal kämpften die einflußreichen Eliten gegen die arme, ungebildete Landbevölkerung. In der unmittelbaren Vergangenheit kämpfte oft das Militär gegen zivile Politiker, meist mit Unterstützung diverser ausländischer Mächte. Die USA, machtvoller Nachbar, hat Haïti immer als Teil seiner Einflußzone angesehen.

In der Tat ist aus Haïti heute ein bloßer Schatten seiner selbst geworden. Doch sollten wir nie vergessen, daß es sich dabei um ein bedeutsames und einzigartiges 'früheres Selbst' gehandelt hatte.

Die flächendeckende Zerstörung von Leben und Strukturen durch das Beben 2010 war eine Tragödie sintflutartigen Ausmaßes. Auch ist es eine Tragödie, daß Haïti 'aus dem Radar' der Welt verschwunden ist - da diese die reiche Geschichte und das Erbe dieses 'unglücklichsten Landes' einfach übersehen hat.

(New African, No 492; in Zeitschriftenläden oder via www.africasia.com)

Studenten-Demo rettete Leben

Die Universitäten Haïtis liegen in Trümmern, hunderte von Professoren und Studenten wurden in ihnen begraben. Genaue Zahlen gibt es nicht - mehr, denn alle Computer-Register wurden vom Beben zerstört.

Tage vor dem Beben wurde ein Professor ermordet, am Tag des Bebens hatten sich hunderte von Stundenten auf den Weg zum Präsidentenpalast gemacht, um dort zu demonstrieren.

»Dieser Protest rettete viele Leben«, erzählt die Medizinstudentin Beneche Martial, 26, eine der Organisatorinnen jener Demo. »Wir blockierten die Straßen, marschierten und schrien unsere Slogans - da fing die Erde an zu wackeln und wir rannten in alle Richtungen ...«

Ein Zukunfts-Flickenteppich

Marc Lacey erzählt die Geschichte von Mr. Paul, dem ehemaligen Bürgermeister. Dieser fragte einen Besucher, wie er denn weitermachen könne, nachdem er sein Haus und einige enge Verwandte verloren habe und nun keine Besitztümer mehr sein Eigen nenne. »Er sagte: 'Ich habe mich nie an Luxus gewöhnt'. Ich glaube, wenn diese Menschen an mehr Luxus gewöhnt gewesen wären, könnten sie heute nicht mehr funktionieren. Sie haben einen ungeheueren Überlebenswillen.« Er kommentierte diesen haïtianischen Stoizismus: Es sei nicht gut, daß die Bevölkerung durch ihr hartes Leben so verhärmt sei, daß sie sich so daran gewöhnt hätte, ihre Gefühle zu verdrängen. Hier handelt es sich um ein Land, daß so viel Heulen und Weinen mußte, daß die Erde mit Tränen gesättigt ist.

Zukunft? Man darf träumen, und es bieten sich wundervolle Träume an.

Realistisch gesehen, bzw. was wir dafür halten, muß man bangen, und, wenn möglich, wach bleiben.

»Haïti muss mit ortsansässiger Arbeitskraft wiederaufgebaut werden, und nicht mit einer korporativen Invasion, wie sie New Orleans nach dem Hurrikan *Katrina* erlebte. Dort wurden ortsansässige Afroamerikaner vom Arbeitsmarkt ausgeschlossen und Mitarbeiter mit politischen Verbindungen bevorzugt eingestellt. Egal wie man zu Jean-Bertrand Aristide steht, ihm muss die Rückkehr nach Haïti gestattet werden, und seiner Partei Lavalas muss erlaubt werden an den nächsten freien Wahlen teilzunehmen.« *(Ned Sublette)*. H.-C. Buch schätzt Aristides Rückkehr anders ein: »Es wird möglicherweise eine Volksbewegung messianischen Charakters geben, die die Rückkehr Jean-Bertrand Aristides als Heilsbringer verlangt. Aristide ist unter den Armen nach wie vor beliebt. Es wird dann allerdings ein neuer Bürgerkrieg ausbrechen. Ich sehe schwarz.«

Wenn unsere Regierungen schon beim Klima-Gipfel versagen, d.h. nicht einmal für die Weltbevölkerung inkl. der eigenen vorsorgen können, welche Hoffnungen darf man dann auf eine dauerhafte Hilfe für so einen Exotenstaat wie Haïti erwarten?

Wer auch immer den Begriff 'Wachstumsbeschleunigungsgesetz' erfunden hat: ab nach Haïti und setz dort die Wachstumsbeschleunigung durch. Dort ist Wachstum überlebenswichtig, bei unserm Überfluß eher lebensbedrohlich.

Haïtis Schulden an die Welt wurden im September 2008 auf $1,8 Milliarden beziffert. Sollte wirklich jemand so schamlos sein, diese heute noch einfordern zu wollen? Canceln. Zum Vergleich: Der Eitelkeitsbahnhof in Stgt. soll €4 Milliarden kosten (Wachstum der Summe nicht ausgeschlossen).

Am 23.1. gab Haïtis Touristik-Minister Patrick Delatour unter dem Regierungs-Sitz-Mango-Baum in Pétionville erste Schätzungen der Schäden bekannt; er nannte $3 Milliarden, wobei sich eine solche Zahl jedoch beim Wiederaufbau verdoppeln, ja auch verdreifachen könne. Eine erste Finanzierungsaufteilung sähe derzeit so aus: $2 Milliarden für Schulen und Krankenanstalten, $500 Millionen für Infrastruktur, Parks und Hotels, $500 Millionen für Ministerien und Justiz; außerdem sollen 20 neue Dörfer á 1.000 Wohnhäusern plus Schulen und Krankenstationen gebaut werden.

Die vom Erdbeben zerstörte Stadt Kobe in Japan wurde innerhalb von vier Jahren wieder aufgebaut. Kostenpunkt: $58 Milliarden, die von der Regierung getragen wurden. Haïti ist auf ausländischen Hilfen angewiesen. So steht zu befürchten, daß Port-au-Prince sich wie Managua entwickelt - Teile der Hauptstadt Nicaraguas liegen auch heute, 37 Jahre nach dem dortigen Beben, noch in Trümmern.

Fünf Gebote, Bitten, Hoffnungen, Vorschläge:

• Eine dauerhafte Nahrungssicherheit sollte rund um Port-au-Prince gewährleistet sein.

• Hafen, Straßen, Brücken - alles was zur wichtigen Verkehrsinfrastruktur gehört, müssen baldmöglichst neu gebaut werden.

• Den Menschen sollte eine Rückkehr aufs Land schmackhaft gemacht werden. Arbeit böte z.B. eine schon lange überfällige, gewaltige Aufforstung.

• Ganz wichtig: Man sollte nicht zu viele Gedanken über die derzeitige mißliche Lage Haïtis verschwenden, sondern schon jetzt Lösungen der Probleme in zwei Jahren oder in zwei Dekaden angehen.

• Dies und anderes mehr, ohne Haïti gleich wieder hoffnungslos zu verschulden.

»Haïtianer besitzen unglaubliche Reserven an Trotz, Unverwüstlichkeit und Beharrlichkeit. Ich vertraue darauf, daß sie diese bewährten Qualitäten - kombiniert mit Wasser, Essen und medizinischer Versorgung, die zu dem Zeitpunkt, an dem ich dies schreibe zunehmend ins Land gebracht werden, Hunderttausenden, wenn nicht Millionen Überlebenden durch die ersten Wochen bringen und das Land aus seiner tiefen Düsternis befreien werden.«, so Amy Wilentz. »Haïti braucht eine Art Arbeits-Corp (US-Amerikaner? Taiwanesen?

Franzosen?), die mit einer rechtmäßigen Regierung des Landes zusammen-
arbeitet und ein Arbeitsprogramm startet, das Haïtianer ordentlich bezahlt,
um die anstehenden massiven Rekonstruktionen der Hauptsatdt baldmöglicht
in Angriff nehmen zu können. Das ganze Verkehrsnetz der Haïtis muß neu
installiert werden, damit es künftig eine wirtschaftliche Chance bekommt.
Außerdem muß das Gesundheitssystem neu aufgebaut werden (USA? Kuba?
Venezuela?). Die internationale Staatengemeinschaft sollte die Stunde nutzen,
sich zum einen für das künftige Wohl Haïtis einzusetzen, wie auch um alte
Kriegsbeile zu begraben (Kuba, Venezuela).« Nach einem haïtianischen Traum
befragt, sagte H.C. Buch: »Dass die internationale Gemeinschaft Haïti nicht
länger entmündigt und nstatt mit der unfähigen Regierung endlich mit der
Zivilgesellschaft spricht und den Einheimischen zuhört, die ihr Land besser
kennen als auswärtige Experten am grünen Tisch.«

Selbstversorgungs-Initiative

Anfang Februar 2010 gab Kuba einen neuen 5-Jahres-Plan bekannt, der
durchaus auch für Haïti Perspektiven eröffnen könnte: 150 kubanische Städte
(Ausnahme: Havanna) sollen von einem Ring von kommunalen Gemüse-
und Obstfarmen umgeben werde. So hofft man, nicht nur Transportkosten
für Lebensmittel zu senken, sondern auch Stubenhocker an die frische Luft zu
locken. Die Regierung wird auch weiterhin für die meisten Lebensmittel wie
auch aufs Ackerland ein Monopol besitzen, doch die geplanten 1.400 kleinen
Farmen könnten bis zu 75% der Lebensmittel in einigen Städten erzeugen.

'Das verwundete Gedächtnis erwacht', *meint Jean Ziegler*:

„Ich spüre, daß die Menschen radikal mit ihrer Lethargie brechen. Es gibt
einen Aufstand des politischen Bewußtseins. Das verwundete Gedächtnis er-
wacht. Wie Aimé Césaire, der Dichter aus Martinique es formulierte 'Ich bewohne eine heilige Wunde. Ich bewohne ein langes Schweigen, ich bewohne
einen dreihundertjährigen Krieg, ich bewohne einen unstillbaren Durst'. [...]
Es dauerte sehr lange, bis das verwundete Gedächtnis historische Kraft und
Bewußtsein geworden ist. Aber dann lässt es sich nicht mehr aufhalten. Und
das müssen wir begreifen. Wenn wir jetzt nicht aufwachen und mit den demo-
kratischen Kräften des Südens solidarisch werden, einen neuen planetarischen
Gesellschaftsvertrag schließen, aufhören zu stehlen, und zu lügen, dann geht
diese Welt zugrunde."

Disaster-Medien, kapitalistisch

Bitte: Stop! Hört sofort damit auf.

- Hört auf mit euren Kameras den Menschen die letzte Würde zu rauben und damit Alles, was ihnen geblieben ist.
- Stopt, die Menschen Haïtis wie kleine Kinder zu behandeln.
- Stopt diese Mitleids-Gals.
- Hört auf mit den Opfern die eigene Marke (Sender, Zeitung, whatever) zu puschen.
- Hört auf, die Erretter zu spielen.
- BITTE HÖRT AUF die Haïtianer visuell auszubeuten!

OK, es gab auch bei uns positive Ausnahmen. In der deutschen Medienlandschaft fiel mir da vor allem das Interview in der *taz* vom 26.1. von Julian Weber mit Ned Sublette 'Die letzte Tage der Sklaverei', diverse Interviews mit H.C. Buch, sowie Georg Schramm mit einer flammenden Rede in der ZDF-*Anstalt* auf. Doch vor allem die Nachrichtenbilder und viele Titelseiten verdienten das Prädikat: Ungenügend.

Robert Jensen stellte in seinem Artikel *Großes TV, schlechter Journalismus* die entscheidende Frage: Warum zeigte CNN Bilder, die nicht repräsentativ für die Situation waren? Davon ausgehend, daß Haïtianer sich grundsätzlich in solidarischen Nachbarschaft-Kommittes organisieren, die auch in Zeiten für einander sorgen, in denen die Regierung unfähig ist zu helfen, warum zeigt man dann vereinzelt auftretende Gewalttake, die das Gesamtbild verzerren? Weiß denn niemand, wie heftig die USA daran beteiligt waren und sind, daß es Haïti heute so dreckig geht? An den ersten Tagen so einer Tragödie ist es nachvollziehbar, daß sich die MedienUnternehmen zuerst auf die unmittelbaren Krisenbilder konzentrieren. Doch was für eine Ausrede hat man nach einer Woche?

Warum hinterfragte niemand die Rollen der frisch gekürten offiziellen Helfer Clinton und Bush jr. in den vergangenen zwei Jahrzehnten Haïtis, und welches ihr Anteil an dem Leid war/ist? Offensichtliche, wenn auch unhöfliche Fragen.

Amy Wilenz ergänzte: »Nach einer Woche stellt ein Report auf NPR fest, daß 'Port-au-Prince ... nicht in einem Chaos der Gewalt versunken ist'. Haïti hat mit vielen Problemen zu kämpfen, aber die meisten negativen Meldungen haben nichts mit seinen Menschen zu tun. Alle Kommentare klangen eher psycho-politisch denn analytisch. Ich habe noch nie erlebt, daß die Schuld für einen solchen Schlamassel so schamlos den Opfern zugewiesen wurde. Dabei erlebe ich hier auf den Märkten in Port-au-Prince so viel mehr Eltern, die ihre Kinder tragen, als auf dem Bauernmarkt in L.A.. Man kann so Sachen nicht über Menschen schreiben, deren Kultur und Nation man respektiert. Zumal sich die Haïtianer in ihrer derzeitigen Situation dem nicht erwehren können.«

»Ein besseres Verständnis der haïtianischen Kultur ist essenziell, denn in den Massenmedien wird ein schiefes Bild gezeichnet. Im schlimmsten Fall entsteht dabei das, was die Autorin Michelle Chen als *rassistisches Spektakel* bezeichnet hat. So hat die *New York Times* behauptet, Haïtis Probleme seien durch *Voodoo* entstanden und durch mangelnde Kindererziehung.« *(Ned Sublette)*

Innerhalb von 24 Stunden nach dem Beben war schon eine Armada von Presseteams vor Ort - und von der Situation überwältigt. Mit der heutigen Technologie ist man flexibler und arbeitet kostengünstiger als noch vor wenigen Jahren, auch dann noch, wenn für die Bosse daheim die Show schon vorbei ist. Die ersten TV-Leute flogen bereits am 15. wieder zurück, jeder US-TV-Sender beließ noch zwei Crews in Port-au-Prince; auch von der schreibenden Zunft waren noch viele übers Wochenende dort.

»Bei so einem MegaEvent handelst Du erst, und denkst später über das Geld nach«, sagte CBS-Mann Paul Friedman. Bald wurde den Kollegen klar, daß sie so ein Einsatz $1,5 Millionen kostet. So bekannte Friedman schon nach wenigen Tagen: »Wir ziehen unsere Leute so schnell wie möglich zurück, denn die Geschichte ist nicht mehr so zentral wie sie war. Wir müssen uns Gedanken über das Geld machen, daß wir dafür ausgeben«. CNN hingegen ließ erklären, sie blieben im Krisengebiet. »Es sind genau diese Geschichten, die die Menschen daran erinnern, warum wir in dieses Geschäft eingestiegen sind«.

Am 3. Februar checkte jemand eine Mediendatenbank nach dem Gebrauch des Begriffes *Haïti* in den vergangenen 4 Wochen. Bei 2256 Nennungen ergaben sich 47 Bezüge zu *Aristide*, 53 zu *Vodou* und 136 zu *Plündereien*.

Vergebung für Haïti?
Wir sollten um deren Vergebung bitten.

Naomi Klein
aus: *The Guardian*, 12.2.2010; www.naomi

So wir den Finanzministern der G7 Glauben schenken wollen, ist Haïti dabei etwas zu erlangen, daß ihnm schon lange zusteht: ein voller 'Erlaß' seiner Auslandsschulden. In Port-au-Prince, so Camille Chalmers, ein haïtianischen Wirtschaftler, beobachtet man diese Entwicklung mit vorsichtigem Optimismus. En Schuldenerlaß sei ein vielversprechender Beginn, sagte er zu al-Jazeera English, „Es ist an der Zeit noch viel weiter zu gehen. Wir sollten über Reparationen und Entschädigungen reden, um Wiedergutmachungen für die verheerenden Konsequenzen dieser Schuldenlast." So gesehen sollte auf die Einstellung, Haïti sei ein Schuldnerstaat, verzichtet werden. Haïti, so argumentiert er, sei ein Kreditgeber - und es sei der Westen, der in starkem Verzug sei.

Unsere Schuld gegenüber Haïti hat vier Hauptgründe: die Sklaverei, die US-Besatzung, Diktaturen und der Klimawandel. Diese Forderungen sind weder Hirngespinste, noch fantastisch oder rhetorisch. Sie beruhen auf erwiesenen, wiederholten Verletzungen legaler Gesetze. Hier, in Kurzfassung, Höhepunkte des Falles Haïti.

Die Schulden der Sklaverei. Als die Haïtianer 1803 ihre Unabhängigkeit von Frankreich gewannen, hatten sie jedes Recht, von den Mächten, die sie dreihundert Jahre lang ausgebeutet hatten, Reparationen zu verlangen. Frankreich jedoch bestand darauf, daß die Haïtianer die Sklavenbesitzer bestohlen hätten, da sie nicht umsonst für sie arbeiten wollten. Also zog 1825 eine Flotte von Kriegsschiffen vor der haïtianischen Küste auf und drohte mit einer erneuten Unterwerfung unters Sklavenjoch. King Charles X wollte Gold für 90 Millionen Franken einsammeln – das Zehnfache der jährlichen Einnahmen Haïtis zu jener Zeit. Ohne Möglichkeit sich zu wehren oder zu zahlen, wurde der jungen Nation eine Schuldenlast aufgebürdet, deren Abzahlung 122 Jahre andauern sollte.

2003 gab Präsident Aristide angesichts eines schmerzhaften wirtschaftlichen Embargos bekannt, Frankreich zu verklagen. „Unser Argument ist", so sagte mir Aristides früherer Anwalt Ira Kurzban, „daß der damalige Vertrag ungültig war, da er auf der Drohung einer erneuten Versklavung zustande kam - in einer Zeit, in der die internationale Gemeinschaft Sklaverei als Übel ansah." Die französische Regierung war hinreichend besorgt, daß sie einen Vermittler nach Port-au-Prince schickte um die Einreichung der Klage zu verhindern. Schlußendlich jedoch erübrigte sich das Problem: Aristide wurde gestürzt. Der Rechtsstreit verschwand, doch für viele Haïtianer haben diese Reparationsforderungen noch einen hohen Stellenwert.

Die Schulder der Diktatur. Von 1957 bis 1986 wurde Haïti vom kleptomanischen Duvalier-Regime beherrscht. Im Gegensatz zu Frankreich sind Klagen gegen die Duvaliers von mehreren Gerichten anerkannt worden. So gelang es, ein ausgeklügeltes System Schweizer Bankkonten und protziger Eigentums-Objekte zu entschlüsseln. 1988 gewann Kurzban einen Schlüsselprozeß gegen Jean-Claude 'Baby Doc' Duvalier, als ein Distriktgericht in Miami entschied, daß der abgesetzte Herrscher „mehr als $504.000.000 veruntreut" habe.

Die Haïtianer warten nach wie vor auf eine Rückzahlung, wobei es sich bei diesem Betrag nur um einen Anfang ihrer Verluste handelte. Seit gut zwei Jahrzehnten bestehen die Kreditoren des Landes auf einer Schuldentilgung der geschätzten $844.000.000, die von den Duvaliers durchgebracht wurden. Jedes Jahr muß Haïti allein hierfür der Weltbank und dem IMF zig-Millioen an Zinsen zahlen.

Waren die ausländischen Geldverleiher juristisch befugt, Duvaliers Schulden in Haïti einzutreiben, wo doch der Großteil des Geldes anderswo ausgegeben wurde? Wahrscheinlich nicht. Cephas Lumina, ein unabhängiger Sachverständiger für Auslandsschulden bei den UN erklärte mir: „Der Fall Haïti ist ein Paradebeispiel für abscheuliche Schuldenforderungen. Schon allein deshalb sollten die Folgen jener Forderungen bedingungslos abgestellt werden." Selbst wenn Haïti keinen absoluten Schuldenerlaß erreichen kan, so bleibt doch ihr Anspruch, für bislang erfolgte Schuldentilgungen entschädigt zu werden.

Die Klima-Schulden. Angeführt von verschiedenen Entwicklungsländern wurden beim Klimagipfel in Kopenhagen auch Themen wie Klima-Schulden thematisiert. Die reichen Länder haben angesichts der Klima-Krise spektakulär versagt. Sie schulden den Entwicklungsländern, die sehr wenig zu dieser Krise beigesteuert haben, aber extrem unter ihr leiden, Entschädigungen. Kurz gesagt: Die Verursacher sollen zahlen. Haïti ist besonders betroffen. Sein Beitrag zum Klimawandel ist unbedeutend; pro Kopf verursacht ein Haïtianer nur 1% der Verschmutzung eines US-Bürgers. Doch Haïti gehört zu den am schlimmsten betroffenen Ländern.

Haïtis Anfälligkeit für Klimaschäden beruht nicht nur - nicht einmal zum Hauptanteil – auf seiner geografischen Lage. Haïtis schwache Infrastruktur wandelt Herausforderungen in Desaster und Desaster in Katastrophen. Das Erdbeben, auch wenn da kein Zusammenhang zum Klimawandel besteht, ist ein gutes Beispiel. Auch dafür, welche verheerenden konkreten Folgen diese Schuldeneintreibungen verursachen. Jede Zahlung von Geldern an einen ausländische Kreditor verhinderte, daß eine Straße gebaut werden konnte oder eine Schule oder ein Krankenhaus oder eine Stromleitung. Diese selben unlegitimen Schuldenforderungen ermächtigten den IMF und die Welt-Bank, allen neuen Schuldenaufnahmen erschwerende Bedingungen aufzubürden und zwang so Haïti, seine Wirtschaft zu deregulieren und die öffentlichen Dienste so gut wie einstellen zu müssen. Als Haïti den Forderungen nicht nachkommen konnte, verhängte man von 2001 bis 2004 ein Hilfsembargo. Grabgesänge für Haïtis öffentlichen Raum.

Die Geschichte muß nun angegangen werden, droht doch eine Wiederholung desselben Dilemmas. Schon verknüpfen Kreditgeber ihre dringend benötigten Gaben für Erdbebenopfer mit der Errichtung einer Verfünffachung der Kleidungsproduktion. Diese Industrie gehört zu den größten Ausbeutern haïtianischer Arbeitskraft. Haïtianer haben in dieser Frage kein Mitspracherecht, denn sie werden als Spendenempfänger abgestempelt, nicht als würdige Teilhaber eines Prozesses der Wiedergutmachungen und Entschädigungen.

Wenn die Welt ihre Schuld/en an Haïti anerkennen würde, würde ein solcher Schritt diese giftige Dynamik ändern. Hier beginnt die Straße zur Wiedergutmachung - in der Anerkennung der Rechte der Haïtianer auf Reparationen.

Mehr zur Thematik auch in Noami Kleins aktuellem Buch: *Die Schock Doktrin*

Building a New Path

- so hieß das Motto des diesjährigen Karnivals, oder *kanaval*. Man kann sich nicht daran erinnern, daß jemals ein *kanaval* ausgefallen ist - doch in diesem Jahr war niemandem nach feiern. Statt dessen gab es eine dreitägige Staatstrauer, in der gefastet wurde.

Nachwort

Geschichte hat zwei Teile:
das was geschehen ist und das, was aufgeschrieben wurde.

Der Schreiber in mir hat schon länger ein Info-Sammel-Faible für einige vergessene Orte unserer Welt, die mir zu Herzen gehen, wie z.B. die Chargos Inseln, Nauru, die WestSahara oder eben Haïti. Es macht mich traurig, daß erst so ein Beben über diese Menschen hereinbrechen mußte, bevor ich mich traute, ein Haïti-Büchlein herauszugeben. Ich verstehe weder Französisch, Spanisch noch Creole, aber bei meinem Inselaufenthalt bemerkte ich bald, daß jene Menschen, die mich anlächelten und anlachten, vorwiegend aus Haïti kamen. (Siehe mein Bericht weiter vorn im Buch). Diese Erinnerung hat sich in mein Herz gebrannt. Ebenso wie meine Begegnung(en) mit Crazy Larry in den frühen 70ern auf der Neckarwiese in Heidelberg. Sommertags mischten sich damals hunderte Jugendliche - die einen auf dem Weg von Amsterdam nach Kabul, andere GIs in ihrer Freizeit und Faulenzer wie ich. Und Larry mit der Gitarre. Damals hatten wir keine Ahnung woher er kam, aber er strahlte eine tiefe Freude aus und wir verstanden uns. Erst Jahre später lernte ich, daß er aus Haïti war. Wir blieben beide in der Region. Er als Musiker Lorenzo Guillen, ich als Schreiber. Alle Jahre treffen wir uns auf der Straße und selten vergißt er ins Gespräch einfließen zu lassen „You were the first one I met here."

Natürlich kann dieses Buch nur ein Dokument meiner einseitigen Sicht sein: *über* Haïti und seine Menschen und nicht *von* ihnen. Was man *über* Andere schreibt, kann nur eine Annäherung sein. Ich bitte daher um Nachsicht.

Jahrelang sammelte ich Material zum Thema *Rhythm-Transfer*: wann und wie gelangten welche afrikanischen Rhythmen wohin in die Amerikas, um sich dort mit welchen anderen Rhythmen zu mischen, aus denen sich die heutigen Musiken wie Salsa, Blues, Reggae, Rock etc. entwickelten. Je mehr ich sammelte, um so klarer wurde mir, daß ich mir als Verleger so ein Buch nicht leisten könne, da das Interesse an solcherart Musikbüchern in deutscher Sprache erschreckend gering ist. Aber das kann die Neugier nicht stillen.

Im Herbst 2009 verschlang ich innerhalb jener Recherchen Ned Sublettes Bücher über die Musikgeschichte, Vergangenheit und post-Katrina-Gegenwart von New Orleans (siehe: Quellen). Darin geht es u.a. um die ganzheitliche

Aufbröselung von so gerüchte- und mythenschwangeren Themen wie Geschichte der Sklaverei, der Rockmusik, des Vudou/Voodoo, den Praktiken des US-Desaster-Kapitalismus vor, während und nach Katastrophen, die zwar 'Natur' als Ursprung haben, in ihrer Tragik oft aber auch von menschlicher Ignoranz zeugen. Von denen da oben und denen da unten. Da clashen zwei kaputte Systeme aufeinander: das der ProfitMaximierung und das der Lebens(freude)Maximierung. Die Vertreter des ersten haben die Waffen, die zweiten müssen dafür zahlen. Nach der Lektüre von Neds Büchern verschenkte ich große Teile meiner Materialsammlung: so gut wie er könnte ich das allemal nie recherchieren, verstehen und schreiben.

Ich nahm - als Fan seiner Bücher - Kontakt mit dem Autor auf, und der setzte mich auf seine Mailing-Liste. Und dann öffnete sich unmittelbar nach dem Beben vom 12.1. – Stunden, bevor ich in deutschen Medien etwas davon mitbekam - für Tage, Nächte und Wochen eine Flut von ausgewählten Nachrichten und Hintergrundgeschichten über Haïti von berufenen SchreiberInnen über die Vergangenheit und Gegenwart der haïtischen Kultur und der Menschen.

Zwei Tage nach dem Beben setzte ich mich hin, um ein Heft über Haïti zu schreiben, aus dem, Dank einiger Druckkostenzuschußzusagen aus dem Freundeskreis, ein Büchlein wurde. Ich las und las, täglich Hunderte von Netz-Ausdrucken, dann auch in mir zugänglichen Büchern etc. Das Brummen im Kopf wurde immer lauter, und plötzlich fand ich mich in Tag- und Nachtschichten am Zusammenstellen dieses Buches wieder. Bei den Zitaten versuchte ich nicht den Überblick über die Herkunft zu verlieren (die meisten übersetzte ich aus dem Englischen), denn bei vielen Informationen, Ideen und Geistesblitzen in diesen Seiten handelt es sich nicht um die meinen, sondern um Fundstücke aus jener Sublette'schen Infoflut. I just surfed the waves.

Ihm und seinen Informanten ganz herzlichen Dank.

Ich konnte nicht viele Bezüge von Haïti zu Deutschland und vice versa entdecken. Zum einen der Markomannia-Vorfall von 1902/4, Haïti bei der Fußball-WM 1974 in der BRD, und Hans Cristoph Buch, dem ich für seine Nachdruckerlaubnisse danke. Er erlebt Haïti:

»Haïti ist meine zweite Heimat, meine Romane - ein Teil meines Werks - sind in der Karibik angesiedelt. Ich bin stolz darauf, dort als haïtianischer Schriftsteller zu gelten, weil ich eine kreolische Großmutter hatte. Mein Großvater kam aus Darmstadt Ende des 19. Jahrhunderts nach Haïti. Dort wurde ein deutscher Apotheker gesucht. Die Kolonie deutscher Kaufleute in Haïti brauchte einen eigenen Arzt und Apotheker. Mein Großvater eröffnete eine Apotheke in Port-au-Prince, im damaligen Stadtzentrum in der Nähe des Hafens. Er ließ sich ein wunderschönes Haus bauen. Darin befand sich die Apotheke mit Apothekerflaschen und -gläsern, beschrifteten Gefäßen und einer prächtigen Holzvertäfelung. Das alles war bis vor kurzem noch intakt - seit einer Woche ist es zerstört.« (Hans Christian Buch im FR-Interviw mit Arno Widmann).

Drei Wochen sammelte, sichtete, ordnete, übersetzte und schrieb ich das Material, hunderte von Mails und Presseartikel, die meisten aus den USA. Dann wurde mein Grobtext, teilweise mit Hilfe anderer, überarbeitet, ergänzt und korrigiert, getrieben auch vom rapiden Nachlassen der Wahrnehmung Haïtis in den Medien. Schon nach zwei Wochen gab es die ersten Haïti-freien Nachrichten und Zeitungen, nach drei Wochen, als ich mit dem Manuskript fertig war, waren kaum noch Meldungen zu finden. In der Eile habe ich nicht die ©-Halter aller Bilder ausfindig machen können, sorry. Diese Bilder nicht zu zeigen käme in diesem Falle Zensur gleich - und es wäre auch unerträglich, wenn sich nur die horrigen Medien-Bilder des Bebens in unsern Hirnen einbrennen würden. Ich bitte um Nachsicht und Meldung.

Ich erlebte derweil tägliche Nachbeben an den Tasten. Haïti-Kundige werden in diesem Buch viel vermissen, doch für die meisten LeserInnen wird es - fürs Erste - reichen. Lieber lücken- und fehlerhaft, als garnicht. Ich freue mich auf Korrekturen und Vorschläge für eine Neuauflage.

Unschätzbare Hilfe für das vorliegende Buch - seien es Druckkostenzuschüsse oder moralische Unterstützung - erhielt ich dabei durch Nadina Leganovic, Benno Käsmeyer, Karl Geck, Alex Beckmann, H. C. Buch, Frank Fuchs und die schon im Impressum genannten. Ohne sie wäre nur ein dürftiges Heft herausgekommen.

Und Dank an Magdaline Dorisca, die diesem Büchlein ihr Gesicht gegeben hat. Sie feierte, während das Buch in Druck war, ihren 5. Geburtstag. Ihrer Zukunft, und der ihres Landes: Alle guten Wünsche.

Werner Pieper
genau 125 Jahre nach der verhängnisvollen Berliner Konferenz
der europäischen 'Aufteilung' Afrikas;
mitten im schneereichsten Odenwald-Winter seit 30 Jahren

Weiterführende Quellen & Brunnen
Spenden?

Auf die Frage 'Wem soll/darf/muß man spenden?' weiß ich keine Antwort. Ein Sponsor dieser Publikation, der seit Jahrzehnten mein volles Vertrauen hat, gab folgenden Tip:

„Als mich jetzt die entsetzlichen Bilder und Berichte des Erdbebens in Haïti erreichten, habe ich gleich Kontakt aufgenommen mit einem Freund aus Luxemburg, der als Lehrer im Rahmen der luxemburgischen NGO *Action Avenir Haïti* seit einigen Jahren während seiner Sommerferien ehrenamtlich im Verwaltungsbezirk Rivière Froide tätig ist. Diese Arbeit werde ich durch eine größere Spende unterstützen. Was mich dazu bewegt: Ich vertraue ihm und seiner Einschätzung der von seiner Gruppe gemachten Arbeit absolut. Sie sind vor Ort mit anderen Hilfsorganisationen und NGO's (z.B. Ärzte ohne Grenzen) vernetzt. Sie machen nicht nur Arbeit für die Betroffen, sondern mit den Betroffen zusammen, leisten überwiegend Hilfe zur Selbsthilfe. Sie sind seit Jahren vor Ort präsent und in langfristigen infrastrukturellen Projekten engagiert, d.h., sie werden auch nach Beseitigung der schlimmsten unmittelbaren Folgen dort weiter kontinuierliche Aufbauarbeit leisten.

Mein Freund ist unmittelbar nach dem Beben (von seiner Schule in Luxemburg wurde er großzügigerweise beurlaubt) nach Haïti geflogen, um (in ihrem Bereich sind über die Hälfte der Behausungen zerstört) zwei Sofortmassnahmen zu bewerkstelligen

1) den Ort provisorisch an bestehende Quellenfassungen anzuschliessen und so die Trinkwasserversorgung wieder ermöglichen

2) die Schule, in der er seit Jahren tätig ist und bislang 170 SchülerInnen betreute, ist offensichtlich nicht völlig zerstört. Dort sollen die Kinder Zuflucht und Betreuung finden und mit Mahlzeiten versorgt werden.

Mittel- und langfristig wird die Gruppe den Wiederaufbau vor Ort unterstützen.«

Weitere Information: **www.aah.lu**

Patenschaften - für Schule und Essen an fünf Tagen - kosten € 25 monatlich. Spenden an: Action Avenir Haïti - Stichwort Haïti Bank: Checques Postaux, L1090 Luxembourg, KontoNr.: 2342 0345, SWIFT-Code: CCPL LULL, IBAN-Nummer: LU81 1111 2342 0345 0000

Bücher

Jean-Bertrand Aristide: Haïti - Plädoyer für ein geschundenes Land; Peter Hammer Vlg.1994

Hans-Christoph Buch: Die Hochzeit von Port-au-Prince

Hans-Christoph Buch: Das rollende R der Revolution: Lateinamerikanische Litanei

Jarrod Daimon: Guns, Germs and Steel

Jarrod Daimon: Kollission

Jarrod Daimond: Collapse: How Societies Choose to Fail or Succeed

Dayan, Joan, Haiti, History and the Gods, Berkeley 1998.

Melita Denning und Osborne Phillips: Voudoun Fire; a Llewellyn Book, 1979

Maya Deren: Divine Horsemen - The Living Gods of Haïti; 1953

du - Die Zeitschrift der Kultur; Heft 2, 1998

Christian Geulen: Geschichte des Rassismus; Bundeszentrale für politische Bildung, 2007

Graham Greene: Die Stunde der Kommödianten

Peter Hallward: Damming the Flood: Haïti, Aristide and the Politics of Containment, Verso, London

Gerhard Hoffmann: Ted lebt in Haïti (für Kinder); Peter Hammer Vlg, 1994

Al Imfeld: Afrika besser verstehen, Der Grüne Zweig 268

Kunst aus Haïti - Ausstellungs-Katalog der Horizonte '79 in Berlin

Menzel, Gerhard: Der schwarze Traum vom Glück. Haiti seit 1804; Beiträge zur Kirchen- und Kulturgeschichte 11

Alfred Métraux: Voodoo in Haïti, 1972

Werner Pieper: Das Zucker-Buch; Der Grüne Zweig 248

Toubab Pippa: Wurzeln des Alptraums; Der Grüne Zweig 220

Ned Sublette: The World That Made New Orleans; Laurence Hill Books 2008

Ned Sublette: The Year before the Flood: A Story of New Orleans; Lawrence Hill Books, 2009

Ned Sublette: Cuba and its Music: From the First Drums to the Mambo; Chicago Review Press

Michael Ventura: Vom Voodoo zum Walkman; Der Grüne Zweig 134

Zeuske, Michael, Sklavereien, Emanzipationen und atlantische Weltgeschichte. Essays über Mikrogeschichten, Sklaven, Globalisierungen und Rassismus, Leipzig 2002.

Musiken
Einzelne Künstler/Bands
Ti-Coca, Toto Bissainthe; World Network No. 43, Haïti
Eddy François »Zinga« (Crossover Records 2001)
Erol Josué »Regleman« (Mi5 Recordings 2007)
Boukman Eksperyans »Revolution«
Grupo Vocal Desandann: Descendants, (Bembé Rec.)
Wyclef Jean presents The Carnival featuring Refugee Allstars (Columbia)
Compilations
Spirits of Life - Haïtian Voodoo; (Soul Jazz Records)
Angles in the Mirror - Vodou Music of Haïti; inkl. gutem Booklet, (Ellipsis Art)
Haïtian Troubadours, (Bellaphon)
Musiques Paysannes Haïti: Fond-Des-Nègres/Blancs, (Buda Musique)
Various artists »Alan Lomax Haïti Recordings« for the Library of Congress
Various artists »Maximum Compas From Haïti«
Various artists »Rhythms Of Rapture« (Smithsonian Folkways 1995)
Various artists »Angels In The Mirror« (Ellipsis Arts 1997)
Various artists »Rara In Haïti: Gaga In The Dominican Republic« (Smithsonian Folkways 1978)

WWW
Bücher halten länger als viele Infos im Netz, daher nur:
* Haïti-Links: www.cam.org/-interso/haiti.html
* *The Times* shows an unbelievable, and horrifying, interactive map, put together using data from satellite image provider GeoEye. It overlays overhead photo mapping of P-au-P before and after the quake, with a slider so you can compare.
http://www.nytimes.com/interactive/2010/01/14/world/20100114-haïti-imagery.html
* Learn more about Afro-Creole religion in Haïti at Patheos.com.
* http://www.democracynow.org
* Wyclef Jean http://www.wyclef.com/
* Rara: Vodou, Power and Performance http://rara.wesleyan.edu/
* http://www.amerika-auf-einen-blick.de/haiti/politik.php
* http://www.haititimeline.com/

WERNER PIEPER & THE GRÜNE KRAFT

Werner Pieper, Hg.

Willkommen!

Das Handbuch für multikulturelle Gastfreundschaft
Der Grüne Zweig 166

"Wer vom bloßen Anti-Ausländerfeind zum aktiven Fremdenfreund mutieren möchte, dem kann dieses Buch jetzt zur Seite stehen. Gastgeber Werner Pieper hat in diesem Ethno-Knigge alles zusammengestellt, was es für potentielle Fremdenfreunde zu beachten gilt." – *taz*

"Wir möchten dieses Buch denjenigen ans Herz legen, die gerne in ferne Länder schweifen oder sich für fremde Kulturen interessieren. Es kann aber auch ein Hilfsmittel sein, die Menschen aus fremden Kulturen, die bei uns im Lande leben besser zu verstehen. Außerdem lesen sich die Texte sehr erfrischend und man kann sagen, daß es, obwohl ein Sachbuch, doch sehr unterhaltsam zu lesen ist – wie wir es von Werner Pieper gewohnt sind." *Alex Beckmann, Tattva Viveka, 27/2006*

Wenn man als Reisender in fremden Ländern unterwegs ist, oder auch nur Menschen aus fremden Kulturen zu sich nach Hause einladen möchte, kann man ungewollt – bei bestem Willen – viel falsch machen, aber auch viel lernen: Wie begrüßt man sich? Händeschüttelnd? Umarmend? Was kann man wem zum Essen vorsetzen? Wann ist z. B. Ramadan? Welche Tabus könnte man unbewusst verletzen? Wer feiert wann seine großen religiösen, kulturellen und nationalen Feste? Was heißt Danke & Bitte in der jeweiligen Sprache? Dieses anregende Handbuch offeriert: Berichte über lebendige Gastfreundschaft aus aller Welt. • Fakten und Erfahrungen. • Versuche des Verstehens und der Sensibilisierung. Zu den Autoren gehören: Richard Majchrzak, Ahmed Khammas, Ludmilla Tüting, Molto Menz, Roman Schweidlenka, Jean Trouillet, Micky Remann u.v.a.m. Illustriert mit Fotos aus der Sammlung "Kinder spielen mit der Welt".

ISBN 978-3-925817-66-3
216 Seiten 20x20 cm · 12,50 €

Werner Pieper

Das ZUCKER-Buch

Süße Sucht und bittere Folgen
Der Grüne Zweig 248

Rübe, Rohr und Raspel: bitter-süße Streifzüge und Reportagen durch die Welten des Zuckers

"Ich habe nicht gewußt, wie interessant und umfassend das Thema Zucker sein kann und was alles davon betroffen ist ... verschafft dem Leser einen guten Überblick, hilft zu verstehen ... weist auf klare und vor allem faktische Art auf, welche Nützlichkeit, aber auch Gefahr in Zucker steckt ... ich kann das Buch wirklich weiterempfehlen." CORDULA FIEDLER

AL IMFELD, vor über 20 Jahren Autor des BuchKlassikers ZUCKER hat unsere Neuerscheinung als eine längst fällige 'würdige Fortsetzung' seines Werkes beschrieben: "Ich danke Dir. Ich bin wirklich stolz auf Dich und dieses Buch."

"Das Zucker-Buch klärt auf ... Alles über Zucker erfährt man in dem neue Buch von Werner Pieper ... Gesamturteil: Sehr lesenswert." RHEIN-NECKAR-ZEITUNG

"Ein grandioses Buch, das nicht mit der Moralkeule daherkommt ..." TERZ, DÜSSELDORF

ISBN 978-3-922708-51-3)
164 stark illustrierte Seiten 20 x 20 cm · 12.50 €

Toubab Pippa Hg.

Die Bosheit im Herzen der Menschen

Aus den Grauzonen der schwarz-weißen Geschichte von NAMIBIA
Der Grüne Zweig 246

'Ich höre und sehe von den Menschen Dinge, die mir unmöglich und weder gut noch recht erscheinen' – **Hendrik Witbooi**

Bei den hier dokumentierten Aufzeichnungen des **Nama-Häuptling Witbooi** handelt es sich um die einzige zeitgenössische Darstellung von Widerstand und erlebter Gewalt aus Sicht der Unterdrückten. Der Herausgeber hat viele dieser Briefe und Tagebuchaufzeichnungen in ihren zeitlichen, geographischen und politischen Kontext gestellt und sich dabei auf eine Fährten- und Spurensuche der tragischen Auswirkungen des deutschen Kolonialismus in Literatur, Archiven und vor Ort gemacht. So wird hier erstmals die traurige Geschichte der Musik und der Drogenkultur dokumentiert. Landraub, ethnische Konflikte, Verlust traditioneller Lebensformen und Werte, Ausrottung von Musik und Einführung des Alkoholismus waren die direkten Folgen und daraus resultierten die heutigen Probleme für die Nachfahren von Tätern und Opfern, aus unterschiedlichen ethnischen Zugehörigkeiten *eine* namibische Nation zu bilden. Deutschland